QUELQUES MOTS

SUR LA THEORIE DE LA

PEINTURE SUR VERRE.

PARIS. — TYPOGRAPHIE DE FIRMIN DIDOT FRÈRES,
RUE JACOB, 56.

QUELQUES MOTS

SUR LA THÉORIE DE LA

PEINTURE SUR VERRE

PAR

FERDINAND DE LASTEYRIE,

ANCIEN REPRÉSENTANT
VICE-PRÉSIDENT DE LA SOCIÉTÉ NATIONALE
DES ANTIQUAIRES DE FRANCE.

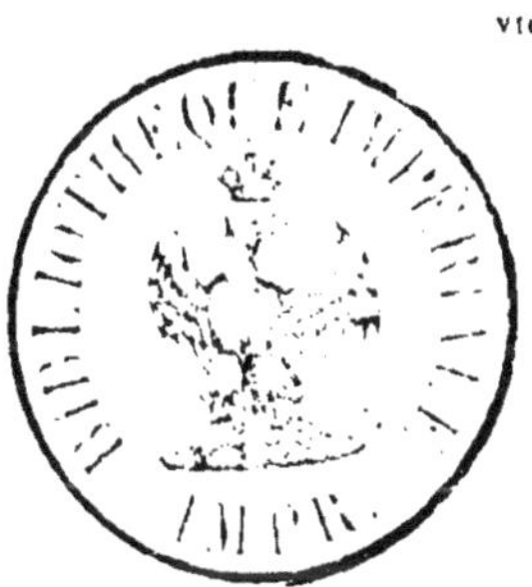

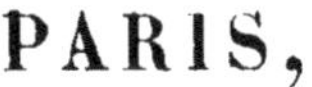

PARIS,

LIBRAIRIE ARCHÉOLOGIQUE DE Vve DIDRON,

13, RUE HAUTEFEUILLE.

1852.

AU LECTEUR.

« Le secret de la peinture sur verre est-il bien réellement perdu ? »

Telle est la question qu'on a commencé à se faire, il y a seulement quelques années.

Jusque-là, en effet, un petit nombre d'érudits ou d'hommes spéciaux savaient seuls que tous les procédés de la peinture sur verre, transmis fidèlement de génération en génération, se trouvaient consignés et minutieusement décrits dans les ouvrages d'auteurs très-compétents.

Quant à la partie moins éclairée du public, elle se bornait, depuis longtemps, à déplorer, sans même la révoquer en doute, la perte d'un art jadis si florissant.

D'où provenait donc une erreur si généralement répandue ?

Au premier abord, il semblerait naturel de l'attribuer uniquement à l'extinction totale et prolongée des fourneaux du peintre verrier. Mais il est facile de démontrer qu'elle remontait plus haut.

Levieil, celui de tous qui a su le mieux résumer les recettes et les procédés de cet art, celui qui, le premier, en a entrepris l'histoire, nous raconte que, déjà de son temps, c'est-à-dire il y a une centaine d'années, on croyait les procédés de la peinture sur verre complétement perdus. Et pourtant ils ne l'étaient pas plus alors qu'ils ne le sont aujourd'hui ; mais ce qui était réellement perdu, c'était le goût, et par suite la pratique de la peinture sur verre. Or, il ne suffit pas de connaître théoriquement les procédés d'un art : pour réussir dans leur application, il faut encore l'expérience, qui, seule, apprend à les mettre convenablement en œuvre.

L'art de teindre la laine et de la transformer en tissus est certainement bien plus connu que celui de peindre le verre ; il est décrit partout ; et néanmoins, supposez qu'on passe un siècle entier sans teindre ou tisser la laine : le jour où l'on voudrait faire renaître cette industrie, pensez-vous qu'on arriverait du premier coup, et à l'aide seule des livres, à produire des tapisseries comme celles des Gobelins, des tissus comme ceux qui sortent aujourd'hui de nos première fabriques ?

Il en est de même de la peinture sur verre.

Depuis quelque temps cet art a repris faveur. Au point où en est arrivée la science de l'analyse, les procédés techniques eussent été facilement retrouvés, si même on les avait jamais perdus. Mais ce qui manque encore, qu'on me permette de le dire, ce sont les enseignements que donne la pratique ; c'est cette science traditionnelle que les anciens peintres verriers se transmettaient de génération en génération.

A qui donc demander ce qu'une expérience

de trop fraîche date ne saurait dès aujourd'hui nous enseigner? — A l'observation.

Où chercher cette science traditionnelle qui nous manque? — Dans les œuvres de ceux qui la possédaient le mieux.

Résumer en peu de mots de nombreuses observations, et poser quelques principes d'une application facile, m'a donc paru être une œuvre particulièrement intéressante dans le moment où tant d'efforts isolés concourent à la renaissance d'un art trop longtemps négligé.

Je ne me dissimule pas cependant la difficulté de ce travail. L'entreprise que je tente pourra même paraître un peu présomptueuse; mais qu'on veuille bien y réfléchir, les règles dont il s'agit, je ne prétends pas les inventer. Ce ne sont, encore une fois, que les résultats, mis en ordre, d'observations recueillies en face d'un nombre infini de monuments célèbres. Quant à moi, je cherche seulement à réunir et à coordonner les bonnes traditions, pour épargner du temps et de la peine à ceux qui travaillent loin des sources. Je leur offre ce petit livre comme une faible part de coopération ; et ce serait pour moi un grand honneur, si je parvenais ainsi à les aider un peu dans les efforts qu'ils tentent journellement pour rendre à la peinture sur verre tout son éclat passé.

I.

QUELLES SONT LES CONDITIONS REQUISES POUR FAIRE DE BONS VITRAUX ?

L'effet que doit produire un vitrail, lorsqu'il est mis en place, dépend d'une foule de conditions dont quelques-unes me paraissent avoir été, jusqu'ici, complétement méconnues.

Le choix de l'artiste qui compose le carton,

Le choix du sujet, selon la place que la verrière doit occuper,

La composition du tableau,

La manière de le peindre,

Le style des ornements,

Les qualités archéologiques.

L'harmonie des couleurs,

La nature de verre,

La mise en plomb elle-même,

sont autant de conditions essentielles pour la bonne exécution d'un vitrail.

Il n'est pas un de ces points sur lequel le moyen âge ne nous ait laissé de précieux enseignements, pas un qui ne puisse être l'objet de règles particulières.

C'est ce que je vais m'efforcer de démontrer, en traitant successivement chacune de ces questions.

II.

DU CHOIX DE L'ARTISTE QUI DOIT COMPOSER LES CARTONS.

La composition des cartons d'après lesquels s'exécute un vitrail exige, de la part de l'artiste à qui elle est confiée, un certain nombre de qualités diverses, qui ne se trouvent pas souvent réunies chez le même homme.

Il doit être coloriste; car si la palette du peintre verrier étincelle de toutes les couleurs du prisme, l'art de les disposer entre elles suppose un sentiment profond de l'harmonie.

Il doit être dessinateur; car la peinture sur verre,

où tous les contours principaux sont accusés par autant de lignes de plomb, n'admet aucun vague dans la forme, aucune indécision dans le dessin.

Il doit posséder au moins quelques notions d'archéologie, sans quoi il s'exposerait à commettre, dans sa composition, quelques-unes de ces erreurs grossières que la critique a, trop souvent, à relever dans des œuvres d'ailleurs fort estimables.

Il doit avoir le sentiment religieux et une connaissance suffisante des traditions; car on n'enseigne bien que ce que l'on sent, et l'on ne peut transmettre que ce qu'on a reçu. Interprète des croyances de l'âme, l'artiste chrétien ne saurait les sacrifier aux caprices de l'imagination : tout ce qui émane de lui doit avoir une signification, et porter un enseignement. Il faut qu'entre ses mains la pensée figurée reste aussi orthodoxe que peut l'être la pensée écrite dans les livres sacrés. N'oublions pas que, selon la touchante idée qui inspira nos pères, les verrières des églises doivent servir d'Évangile aux illettrés.

III.

TOUTE PEINTURE SUR VERRE DOIT-ELLE ÊTRE EXÉCUTÉE D'APRÈS DES CARTONS COMPOSÉS A CET EFFET ?

On fait généralement trop peu d'attention aux modifications de forme que l'art doit subir, selon les diverses applications dont il est susceptible.

Parce qu'un tableau est bon en soi, ce n'est pas une raison pour qu'il puisse servir de modèle à un vitrail.

La peinture sur verre, comme toutes les branches de la peinture monumentale, est, avant tout, de la décoration. Voilà ce qu'on ne doit jamais perdre de vue, si l'on veut lui conserver son caractère propre. Rien n'est donc plus mal imaginé que ces tours de force qui consistent à reproduire, à grand'peine, des tableaux d'un tout autre genre, sous une forme qui ne saurait leur convenir.

Certains travaux sortis de la manufacture de Sèvres en sont un exemple frappant.

Il y a quelques années, la liste civile, qui ne s'y connaissait guère, eut la malencontreuse idée de faire exécuter sur verre une Assomption de la sainte Vierge, d'après Prudhon. C'était une grande figure isolée, au milieu de nuages très-vaporeux qui ne se prêtaient bien à aucune coupure. D'ailleurs, comme chacun le sait, la peinture si suave de Prudhon emprunte une partie de son charme au moelleux des contours, je dirai presque à leur indécision. Les cercler de plomb était un acte de brutalité qui devait choquer l'œil et révolter le goût. Les peintres de Sèvres sont fort habiles. Mais qu'arriva-t-il? — Ils dépensèrent beaucoup de peine et de talent pour faire une œuvre détestable.

Il est évident que le meilleur moyen d'obtenir une bonne verrière est de l'exécuter d'après des cartons composés spécialement pour cet objet.

Sans doute, il serait trop absolu de prétendre qu'aucune autre peinture, aucun autre dessin ne pussent jamais servir de modèle. Mais je n'hésite pas à affirmer que le nombre de ceux qu'on pourrait utiliser ainsi est singulièrement restreint par les conditions du genre. Je crois même qu'il serait difficile d'en trouver ailleurs que dans les manuscrits du moyen âge, dans les vieilles gravures ou dans les peintures des quinzième et seizième siècles.

Quelques manuscrits du treizième siècle renferment des médaillons qui rappellent d'une manière frappante la composition des verrières légendaires. C'est une mine précieuse pour les restaurations modernes, où il ne s'agit pas d'inventer, mais seulement de reproduire dans le caractère de l'époque.

Certaines éditions incunables nous montrent des vignettes sur bois qui, par l'agencement des personnages, la simplicité de la composition et la disposition des plans, réunissent presque toutes les données propres au vitrail (1). Il n'est même pas sans exemple

(1) Je citerai, par exemple, la belle édition de la *Légende dorée*, publiée à Paris, en 1493, par Sébastien Vérard, et dont les encadrements illustrés renferment une foule de sujets analogues à ceux des verrières de la même époque.

qu'on y trouve la reproduction fidèle de verrières contemporaines encore existantes.

Enfin, je crois que, dans les maîtres primitifs des écoles d'Allemagne ou de Flandre, dans les Van-Eyck, les Memling, les Albert Dürer, on pourrait rencontrer aussi quelques compositions de nature à être reproduites sur le verre, les éléments de quelques heureux pastiches. Mais encore le peintre-verrier fera-t-il mieux d'y chercher des enseignements que des modèles.

Quant aux artistes en renom de notre époque, s'ils veulent, eux aussi, composer des verrières, qu'ils aient toujours présent à l'esprit un exemple bien digne de leurs respects. Raphaël, Jules Romain, ont dessiné des cartons pour Bernard Palissy, pour les illustres peintres verriers de Beauvais, et peut-être pour d'autres. Mais en donnant le modèle d'un vitrail, ces hommes de génie avaient bien soin de se plier aux exigences du genre ; et, pour peu qu'on se donne la peine de les étudier, on verra que les verrières exécutées d'après leurs cartons ne ressemblent en rien à la copie d'un tableau ordinaire.

IV.

DU CHOIX DU SUJET.

Le choix du sujet dépend absolument de la place qu'une verrière doit occuper. Il varie à l'infini :

Selon qu'elle est destinée à un édifice religieux ou civil ; — à une grande église, à une petite, ou à une simple chapelle ;

Selon que cette église est déjà garnie de nombreux vitraux, ou qu'elle n'en possède pas encore ;

Selon que la verrière à exécuter doit orner isolément un point de l'édifice, ou faire partie d'une série complète de verrières ;

Et enfin, dans ce dernier cas, selon la place qu'on lui destine dans l'ensemble de la vitrerie.

Évidemment la donnée la plus large est celle que présente une grande église, entièrement dépourvue de vitraux de couleur, et qu'on veut décorer dans son entier.

C'est donc ce premier cas que nous devons d'abord examiner.

1° DANS LES GRANDES ÉGLISES.

Avant de rechercher quel sujet convient à chaque place, il faut d'abord se rendre compte de l'ordre général qui doit présider au classement des sujets entre eux.

De celui qu'on remarque dans quelques monuments célèbres, on pourrait tirer cette conclusion, que l'histoire peinte aux vitres des églises devant se lire *de gauche à droite*, comme l'histoire écrite dans nos livres, la série des sujets classés chronologiquement doit commencer par la première verrière à gauche de la nef, se poursuivre tout autour de l'édifice, et se terminer enfin par la dernière fenêtre de l'autre côté de la nef en retour. L'église Saint-Ouen, à Rouen, offre l'exemple le plus rigoureux de cette ingénieuse classification. On y voit une suite considérable de figures historiques, véritable biographie universelle du christianisme, où le côté gauche est réservé aux patriarches, aux prophètes et aux pontifes depuis les premiers temps du monde jusqu'au jour de la rédemption ; et le côté droit déroule une longue série de martyrs et de saints, depuis le temps des apôtres jusqu'à celui où vivait l'illustre patron du lieu.

Cette donnée ingénieuse, et qui répond certainement à une grande pensée, ne saurait cependant se reproduire souvent dans la décoration des églises, sans y répandre beaucoup de monotonie. Elle a, d'ailleurs, un caractère plutôt philosophique que religieux. Aussi l'ordre hiérarchique, si intimement lié à tous les dogmes de la foi catholique, a-t-il été généralement préféré à ce mode de classement purement chronologique. Nous allons voir comment l'application doit en être entendue.

Passons donc aux détails.

Étage supérieur.

Dans les grandes églises dont la nef principale est accompagnée de bas-côtés, il y a toujours, au moins, deux rangs de verrières.

Celles de l'étage supérieur ne peuvent admettre le même genre de sujets que celles des bas-côtés ou du pourtour du chœur. Situées plus loin de l'œil, elles doivent contenir, de préférence, de grandes figures isolées, ou, du moins, assez nettement séparées entre elles pour que, à longue distance, il soit facile de les distinguer et de s'en rendre compte.

Ces verrières haut placées se détachent sur le ciel; elles ne doivent donc point contenir des scènes de la vie matérielle et du monde réel. Lorsque, par la pensée, le chrétien cherche les bienheureux que Dieu s'est associés dans sa gloire, il faut qu'en levant les yeux vers le ciel il aperçoive leur image portée, en quelque sorte, par un rayon de la lumière divine. C'est la place de l'apothéose.

Mais, là encore, un ordre particulier doit être observé dans le classement des figures.

Si nous interrogeons les monuments de la bonne époque, nous y voyons que le sommet du sanctuaire est réservé, d'ordinaire, à l'image de Notre-Seigneur ou à celle de la sainte Vierge. Autour d'eux on groupe le plus souvent les apôtres, en réservant les premières places à saint Jean, le disciple bien-aimé, à saint Pierre et à saint Paul. D'autres fois, ces places d'honneur de la hiérarchie céleste tombent également en partage aux quatre évangélistes, aux premiers martyrs de la foi, tels que saint Étienne, saint Laurent, saint Vincent, sainte Catherine, sainte Marguerite, ou aux patrons de l'église. On voit ensuite figurer, de préférence, les évêques du diocèse qui ont été canonisés, et les autres saints qui sont l'objet d'une vénération particulière dans la province, comme sainte Geneviève à Paris, saint Firmin en Picardie, saint Martial en Limousin, saint Maurice aux bords du Rhône, saint Ouen ou saint Romain en Normandie, etc.

On trouve encore, dans beaucoup de localités, l'image des Pères de l'Église, et celle de certains saints vénérés par toute la France, tels que saint Martin, saint Louis, saint Denis, saint Nicolas, etc.

Voilà ce que l'on trouve le plus souvent, et ces exemples sont bons à suivre.

Étage inférieur.

Les verrières basses, plus rapprochées de la vue, conviennent parfaitement à la reproduction des sujets historiques, des légendes sacrées. Les figures peuvent y être beaucoup plus petites, et, par conséquent, plus nombreuses; ce qui conduit tout naturellement au style légendaire.

En examinant avec attention les monuments anciens, on observe que les verrières placées autour du chœur retracent généralement la légende du saint à qui était primitivement consacrée la chapelle qu'elles éclairent.

En vertu du même principe, on retrouve presque toujours, dans la chapelle principale, située au chevet de l'église, quelques sujets tirés de la passion de Notre-Seigneur ou de la vie de la sainte Vierge. Souvent, les autres verrières du pourtour du chœur représentent aussi des scènes de l'Apocalypse, ou cette délicieuse allégorie qui, sous le nom d'arbre ou tige de Jessé, retrace la généalogie de la vierge Marie.

Dans la nef, et plutôt là qu'ailleurs, on trouve fréquemment aussi diverses scènes tirées des livres de l'Ancien Testament.

Étage intermédiaire.

Dans la plupart des cathédrales et des églises de grandes dimensions, il règne, tout à l'entour du chœur et de la nef, une galerie soutenue par d'élégantes colonnettes. Quelquefois cette galerie, percée à jour, est éclairée par une infinité de petites fenêtres juxtaposées, qui forment ainsi, dans la vitrerie de l'édifice, un étage intermédiaire entre les hautes fenêtres et les verrières des chapelles et des bas-côtés.

Quoiqu'elle concoure certainement, pour sa part, à l'harmonie générale, cette portion de la vitrerie est un peu sacrifiée. Percées à une grande hauteur, et masquées même en partie par les colonnettes qui leur servent d'encadrement, les ouvertures d'ailleurs fort petites dont elle se compose sont également inaptes à recevoir de grandes figures et des sujets trop détaillés.

Si l'on veut absolument y introduire des figures, il faut donc qu'elles ne soient ni trop grandes ni trop petites, et que la composition en soit fort simple. Ces étroites fenêtres, placées beaucoup moins en évidence que les grandes verrières au-dessous desquelles elles se trouvent, peuvent convenir aux portraits des donateurs et à l'image de leurs saints patrons, à la représentation des évêques, des abbés, ou à celle des personnages purement historiques, qui n'ont droit à aucun culte. De même qu'au sommet du sanctuaire on fait apparaître aux yeux des fidèles les bienheureux dans toute leur gloire, de même, à cette place plus modeste, l'artiste chrétien, par une fiction semblable, peut évoquer ceux dont le nom se rattache par un lien quelconque à l'histoire de son église, et les montrer au peuple, assistant en quelque sorte, du haut de cette galerie, aux mystères les plus augustes de la religion.

Peut-être cependant de simples dessins d'ornements, des grisailles relevées d'entrelacs en verre de couleur, des blasons convenablement agencés, sont-ils encore ce qu'il y a de mieux approprié à cette partie de la vitrerie.

Roses.

On remarque également que, dans presque toutes les grandes églises du style ogival, les transepts et le portail principal sont éclairés par des roses de dimensions fort importantes.

Le choix des sujets que ces roses peuvent représenter est nécessairement subordonné à la disposition particulière de leur architecture.

La division en douze rayons est celle qui se prête le mieux à une ornementation sytématique. On peut y représenter les douze apôtres, les signes du zodiaque, les travaux correspondant aux différents mois de l'année, et bien d'autres sujets également compatibles avec la symétrie duodécimale.

Mais souvent aussi la rose se divise, selon sa dimension, en huit, en dix, en seize, en vingt ou vingt-quatre rayons, qui parfois se subdivisent eux-mêmes en plusieurs autres. Alors on peut y faire entrer les évangélistes, les Pères de l'Église, les grands et les petits prophètes, les rois d'Israël, la personnification des vertus et des vices, etc., etc. Par une ingénieuse combinaison, quelques artistes ont aussi représenté sous une forme circulaire la généalogie de la sainte Vierge, en plaçant sa figure au centre de la rose. Dans tous les cas, cette figure, celle du Père éternel ou de Notre-Seigneur Jésus-Christ, sont certainement les plus convenables à placer dans le médaillon central.

S'il reste des vides à remplir, les têtes d'anges sont d'une grande ressource.

2° DANS LES PETITES ÉGLISES.

Ce qui précède s'applique exclusivement aux églises d'une assez vaste étendue. Dans celles dont les proportions sont plus restreintes, il n'y a généralement qu'une rangée de fenêtres. Les verrières à y placer doivent alors présenter un caractère particulier. La composition doit en être différente, ainsi que je chercherai à le démontrer dans le chapitre suivant.

C'est surtout à l'époque de la renaissance que les peintres verriers ont excellé dans ce genre mixte, qui, avec un parti pris plus large que celui des vitres légendaires, admet cependant un nombre de figures indéterminé, beaucoup de variété dans les accessoires et de richesse dans l'ornementation.

Les artistes de cette époque avaient une prédilection marquée pour les sujets allégoriques. Outre l'arbre de Jessé, ils ont reproduit souvent, et avec un grand bonheur, la représentation figurée des litanies de la sainte Vierge. Conches, Rouen, Pont-Audemer, nous montrent également des compositions allégoriques fort brillantes et fort ingénieuses, ce qui semble autoriser l'introduction de sujets de ce genre dans les églises des quinzième et seizième siècles. Cependant la prudence commande de ne pas s'engager trop avant dans cette voie.

On a d'ailleurs assez de liberté pour le choix des sujets à reproduire dans les églises de moyennes ou de petites dimensions. Ce choix n'est guère assujetti qu'aux circonstances locales ; et la seule règle à peu près constante à observer, c'est que la place d'honneur, au fond du sanctuaire, doit être réservée, de préférence, à des sujets tirés de la vie de Jésus-Christ, ou de l'histoire de sa sainte mère.

Dans les églises terminées par une abside carrée, comme on en voit tant en Bretagne et en Angleterre, le chœur est généralement éclairé par une large verrière percée au mur du fond, et qu'on appelle la *maîtresse vitre*. Le sujet qu'on y trouve le plus habituellement représenté est la Passion de Notre-Seigneur. Effectivement, aucun autre sujet ne saurait figurer d'une manière plus convenable au-dessus de l'autel où s'accomplit le divin sacrifice.

Souvent aussi, à l'autre extrémité de l'édifice, il existe une grande verrière percée au-dessus du portail principal, à la place même qu'occupent les roses dans les églises de premier ordre. Cette vitre, qui reçoit sous un angle oblique tous les feux du soleil couchant, se prête merveilleusement aux effets d'une brillante coloration, et c'est un avantage qu'il faut savoir mettre à profit. Pour cela, les sujets qui conviennent le mieux sont ceux où l'artiste doit, en quelque sorte, faire rayonner la gloire divine, comme, par exemple, l'Ascension de Notre-Seigneur, l'Assomption de la sainte Vierge, le Jugement dernier, etc., etc.

Sous un autre rapport, les sujets que je viens d'indiquer se recommandent également au choix de l'artiste. La vitre située au-dessus du grand portail est la dernière qui frappe les regards des fidèles à leur sortie du temple. Il est donc rationnel d'y représenter, comme un dernier symbole des mystères qu'ils viennent de célébrer, l'image du Sauveur remontant au ciel après l'accomplissement de sa mission terrestre, celle de la Vierge immaculée allant rejoindre son divin fils au sein de la gloire éternelle, ou la grande et terrible scène qui doit rappeler à chacun la fin dernière de l'humanité.

3° VITRAUX D'APPARTEMENTS.

La véritable mission de la peinture sur verre est de concourir à la décoration des édifices religieux; ce n'est que par exception qu'elle peut trouver sa place dans les palais ou les constructions civiles d'un usage plus modeste.

Le moyen âge, il est vrai, l'admettait volontiers dans la décoration des châteaux et des maisons particulières; mais, depuis lors, le goût a bien changé. Nos habitations modernes ne ressemblent guère à ces demeures peu confortables dont les murs, protecteurs du salut ou du repos d'une famille, semblaient ne s'ouvrir qu'avec peine pour laisser pénétrer un jour douteux à l'intérieur. Aujourd'hui nous voulons, avant tout, de l'air et de la lumière. Or, les verrières peintes, qui obscurcissent le jour et s'ouvrent difficilement, sont loin de répondre à ce double besoin, et, en conséquence, elles n'ont plus droit de cité que là où les appellent le caprice d'un artiste ou la passion d'un antiquaire. Encore ce dernier aimera-t-il toujours mieux s'entourer des débris du passé, que des résultats plus ou moins heureux de nos modernes tentatives.

Il faut cependant songer à tout ; et si peu qu'on fasse de vitraux d'appartement, il est bon de rechercher quels sont les sujets qui conviennent le mieux ici. Nécessairement, le choix en est restreint; car, pour des vitres de ce genre, les sujets, on le comprendra sans peine, doivent se rapporter directement, soit à la destination de l'édifice, soit à la personne même de celui qui le fait construire. Le chiffre de ce dernier, quelques attributs, des fleurs, des trophées, quelques blasons (comme on en trouve tant parmi les vitraux suisses), la figure des saints qui servent de patrons à la maison ou à son propriétaire, celle des grands personnages dont le nom se rattache à l'histoire de la famille ou de la localité, — voilà à peu près tout ce qu'on peut mettre dans des vitraux d'appartement.

C'est de la peinture de chevalet. Il serait prétentieux et inopportun de vouloir s'y élever aux proportions de la peinture d'histoire. Celle-ci demande un autre cadre et d'autres conditions.

4° RESTAURATIONS.

Je n'ai pas besoin de dire que les indications contenues dans les paragraphes qui précèdent se rapportent toutes aux cas où l'on veut faire des vitres neuves.

Lorsqu'il s'agit d'une simple restauration, ou même de rétablir l'ensemble d'une vitrerie devenue incomplète, ce n'est plus dans les abstractions de la théorie qu'il faut chercher un guide. L'artiste, dans ce cas, n'a rien de mieux à faire que d'étudier scrupuleusement, s'il en existe encore, les débris des verrières qu'il est chargé de restaurer, ou, à défaut de ceux-ci, les vitraux des autres fenêtres situées tout à l'entour. Qu'il prenne, en même temps, connaissance des histoires, des légendes locales, des monuments contemporains, et, pour peu qu'il ait de sagacité et d'instruction spéciale, il arrivera bientôt à retrouver les éléments nécessaires pour combler les lacunes que le temps a pu faire dans l'ensemble de la vitrerie primitive.

V.

DE LA COMPOSITION DES CARTONS.

Si le choix du sujet et celui de l'artiste importent beaucoup à la bonne réussite d'une verrière, la composition des cartons y contribue encore plus directement, ainsi qu'il est facile de le comprendre.

Quel que soit le talent de l'artiste, quel que soit le tact dont il ait fait preuve dans le choix du sujet, il échouera infailliblement s'il ne sait, en outre, se rendre compte tout d'abord des règles qui sont propres à la peinture sur verre. Plus d'un, pour les avoir méconnues, n'est arrivé qu'à produire des œuvres dont la médiocrité a dû étonner leur auteur lui-même, autant que le public.

Ces règles sont de deux sortes :

Les unes générales, également applicables à toute espèce de verrières ;

Les autres d'une application plus restreinte, et relatives seulement à certains genres de compositions.

Examinons-les successivement.

1° RÈGLES GÉNÉRALES.

Comme je l'ai déjà dit, une des qualités les plus essentielles de la peinture sur verre est la clarté. Il faut que chacun y puisse lire sans peine, et, pour cela, l'artiste doit, par-dessus tout, éviter la confusion. On ne saurait donc trop lui recommander d'adopter un large parti pris dans l'ornementation, et de s'astreindre à beaucoup de simplicité dans la disposition des plans.

La peinture primitive du moyen âge n'admettait aucun effet de perspective. C'était une sorte de décoration plane, comme celle des vases étrusques, où chaque figure se découpait en silhouette. Peu à peu l'art fit des progrès, et les peintres verriers voulurent montrer, à leur tour, qu'ils étaient capables de résoudre tous les genres de difficultés. Au seizième siècle, nous les voyons lutter d'adresse avec les admirables sculpteurs qui ornaient les tombes royales de Louis XII et de François Ier : comme eux, ils nous font admirer des fonds de paysage d'une délicatesse exquise, et de petits groupes de figures disposés avec art sur des plans fort reculés. Quelques-unes de ces miniatures sont pleines de charme;

mais, quoique d'une exécution certainement moins difficile sur le verre que sur le marbre, ce n'en sont pas moins des tours de force, qui exigent une extrême habileté. D'ailleurs, ce genre de peinture, quel qu'en soit le mérite, ne saurait convenir à la grande décoration. Il a besoin d'être placé à proximité de l'œil: vu de loin, il manquerait complétement son effet.

Je citais, à l'instant même, les belles sculptures des tombeaux de Saint-Denis; c'est qu'en effet, sous le rapport des règles de la composition, on pourrait trouver aisément plus d'une analogie entre les bas-reliefs et les vitraux.

Ainsi, cette sobriété dans la disposition des plans à laquelle le sculpteur est astreint, le peintre sur verre doit s'y résigner également.

Le premier n'a point de palette ; l'autre en a une trop brillante, dont l'éclat se prête mal aux dégradations de tons et de lumière qu'exigent les lois de la perspective.

Vus le plus souvent à grande distance, la verrière et le bas-relief doivent saisir d'abord par l'ordonnance générale des masses; et tout détail inutile, qui ne s'harmonise pas directement avec l'ensemble de la composition, ne peut qu'en amoindrir l'effet.

Une autre règle est commune à ces deux genres de composition. Dans l'un comme dans l'autre, le cadre doit toujours être bien rempli par le sujet, et l'on doit éviter avec soin les parties de fonds trop étendues.

Sous ce rapport, les meneaux, qui, dans la plupart des anciennes églises, partagent chaque fenêtre en plusieurs baies, loin d'être un inconvénient, présentent une utile ressource au peintre sur verre.

Les capricieux entrelacs, les petites roses que forment ces meneaux en s'épanouissant au sommet de la fenêtre, offrent, en outre, un cadre infiniment varié pour les parties d'ornementation. Là, tout à son aise, l'artiste peut semer, comme il l'entend, les attributs, les emblèmes, les chiffres (le sien ou celui du fondateur), les dates, les devises, et enfin les armoiries, cet élément si élégant et si utile de la décoration monumentale.

Les fenêtres sans meneaux des édifices modernes, en général trop largement ouvertes, et qui présentent, tout d'une pièce, leur monotone surface, sont loin d'offrir les mêmes ressources. C'est un cadre difficile à remplir avec succès, et le peintre sur verre, quel que soit le genre de la composition qu'il entreprenne, fera toujours mieux, lorsqu'il en aura le choix, de leur préférer une fenêtre à meneaux.

2° RÈGLES PARTICULIÈRES

Les règles de la composition varient, naturellement, selon la nature des sujets qu'il s'agit de traiter, et selon la place qui leur est assignée.

Pour une figure isolée, elles ne sauraient être les mêmes que pour un sujet qui comporte un grand nombre de personnages; et s'il s'agit d'une vitre légendaire, ce sont encore d'autres lois, des combinaisons d'une nature toute différente.

Il y a donc lieu d'examiner ici distinctement, et l'une après l'autre, les règles qui peuvent s'appliquer à ces divers genres de compositions.

Grandes figures.

Les grandes figures sont généralement destinées à être vues de loin et placées à une certaine hauteur.

A leur égard, le peintre verrier ne doit pas craindre d'enfreindre quelque peu les règles d'après lesquelles on détermine ordinairement les proportions du corps humain. Il doit donner plus de longueur à ses figures; diverses raisons l'y autorisent.

D'abord, il faut tenir compte de l'effet de la perspective. Le rayon visuel formant un angle assez aigu avec la surface plane de ces hautes verrières, il en résulte que celles-ci sont vues en raccourci, et que les personnages qu'elles représentent paraîtront toujours plus petits qu'ils ne le sont réellement; d'où vient la nécessité d'en exagérer les proportions, pour qu'à distance elles paraissent régulières.

De plus, il faut convenir que des formes élancées, voire même un peu maigres, conviennent mieux à la peinture religieuse et mystique, que l'embonpoint ou des formes massives. Deux principes opposés, la force matérielle et la force morale, se sont, pendant longtemps, disputé l'empire du monde. L'artiste chrétien ne saurait oublier le rôle que ses héros furent appelés à jouer dans cette lutte prolongée. Or, si l'imagination se représente facilement la figure d'un martyr usée par la souffrance, celle d'un saint amaigrie par les ardeurs d'une foi enthousiaste, des formes courtes et trapues seraient loin de répondre également à l'idéal qu'on adopte volontiers pour ces fervents apôtres d'une religion naissante.

Enfin, l'on doit aussi tenir compte de la nature du cadre destiné à recevoir ces figures colossales. Ce sont, en général, des fenêtres dont la hauteur est fort grande en proportion de leur largeur; ce sont de ces baies allongées et très-étroites qu'on désigne sous le nom de *lancettes*.

Dans ce cadre que les bordures rétrécissent encore, une figure courte et replette serait aussi déplacée que dans les niches étroites dont les sculpteurs du moyen âge ornaient les porches des églises. Pour l'un et l'autre cas, il faut absolument que la forme générale des figures s'harmonise avec le style de l'architecture et le système de l'ornementation, tous composés de lignes verticales, parallèles, et rapprochées les unes des autres.

Pour mieux remplir ce cadre de forme si allongée, les peintres du treizième siècle superposeraient parfois deux figures l'une à l'autre.

Ceux des quatorzième et quinzième siècles ont atteint le même but à l'aide d'une seule figure, en la plaçant d'abord sur une sorte de terrasse ou de piédestal, puis en la surmontant d'un dais artistement découpé, dont le pinacle s'élève indéfiniment au gré de leur caprice.

Mais à ces diverses époques, et quel que fût d'ailleurs le système de l'ornementation, on avait toujours soin de donner aux figures une longueur un peu exagérée.

Je devrais même dire que cela ne s'applique pas exclusivement aux figures isolées, et placées à de grandes hauteurs. On peut, dans une certaine mesure, tenir également compte de cette observation pour des compositions à figures multiples, pour des verrières plus rapprochées de l'œil. J'ai vu, parmi les œuvres de nos contemporains, plusieurs peintures bien et convenablement exécutées, qui, mises en place, ont perdu leur valeur et manqué leur effet, uniquement parce que les figures dont elles se composaient, déjà trop courtes dans le carton, paraissaient l'être encore bien plus, et prenaient des proportions tout à fait fausses, en raison de l'angle sous lequel on les voyait, une fois mises en place.

Revenant aux grandes figures qui font l'objet spécial de cet article, j'ai peu de chose à ajouter.

Dans la composition de ces figures, on doit chercher un geste simple, et qui s'explique de lui-même. En raison de la place qu'elles doivent occuper, le repos leur convient mieux que l'action. Il faut donc éviter toute attitude violente, toute pose forcée.

Il est également convenable d'éviter la surabondance des détails dans le costume. Quelques draperies bien simples et d'un bon style produiront toujours un effet plus recueilli et plus satisfaisant.

Pour que les figures se détachent bien, qu'elles *se lisent* facilement à grande distance, il faut éviter soigneusement de surcharger les fonds d'ornements inutiles. Les fonds unis, et les fonds bleus de préférence, sont les seuls à employer en pareil cas. Ailleurs ils pourraient avoir l'inconvénient de présenter parfois un peu trop de transparence; mais on n'a pas à se préoccuper de cette crainte lorsqu'il s'agit de verrières haut placées, au travers desquelles l'œil ne peut apercevoir que le ciel lui-même, le ciel, où tous les efforts du peintre tendent à nous montrer, par une pieuse fiction, les bienheureux dans leur gloire éternelle.

Enfin, une bordure bien proportionnée à la grandeur de la fenêtre et à celle des personnages complétera heureusement ce genre de composition.

Vitres légendaires.

Le style légendaire peut se comprendre de deux façons :

1° Comme il l'a été aux douzième et treizième siècles, ce qu'on peut appeler le style primitif;

2° Comme on le retrouve, trois siècles plus tard, dans les monuments du style de la renaissance.

Style primitif.

Dans le premier cas, la vitre légendaire se compose d'un nombre indéterminé de petits sujets renfermés dans des cartouches de formes variées, qui se détachent sur un fond orné, et s'encadrent tous dans une bordure commune.

L'ordre le plus habituel et le plus logique des sujets fait commencer la légende dans le bas de la fenêtre, et en réserve la partie supérieure pour l'apothéose du saint; ingénieux emblème d'une vie apostolique commencée sur la terre, et poursuivie laborieusement, à travers mille épreuves, jusqu'au moment où l'âme, dégagée de ses liens mortels, s'envole vers les cieux.

Je dois dire, cependant, que cet ordre pour le classement des sujets n'est pas également suivi dans toutes les légendes, et, parmi les exceptions les plus notables, je citerai l'histoire de la passion de Notre-Seigneur, où l'ordre inverse est souvent observé, comme pour rappeler la céleste origine de celui qui vient, chaque jour, s'immoler sur nos autels.

Du reste, quant au style et à la composition des vitres légendaires, le treizième siècle nous a laissé de si beaux exemples, que le mieux est encore aujourd'hui de les prendre pour modèle.

Je ne vais pas jusqu'à dire qu'il faille reproduire les incorrections d'un dessin souvent barbare : l'imitation servile du passé ne peut convenir que dans une œuvre de restauration. Mais, si l'on veut obtenir cette richesse de tons, cette puissance d'harmonie qui font l'un des plus grands mérites des vitres légendaires, le moyen le plus facile, et en même temps le plus sûr, est de s'en tenir tout simplement au mode d'exécution qu'on remarque dans les verrières de l'époque primitive.

A les bien considérer, ce n'est qu'une sorte de mosaïque transparente, à peine relevée par quelques hachures, ou, plus rarement, par quelques ombres plates. Chaque pièce de verre y est de petite dimension. Le plomb presque tout seul y indique le dessin, dont il borde les contours principaux. Le modelé des figures y est à peu près nul, et le verre, laissé ainsi presque entièrement à découvert, y conserve, sans altération, toute la puissance de ton dont il est doué.

Si le fond général de la verrière était uni, les sujets y feraient tache. Il faut donc qu'une ornementation simple, et bien proportionnée à la dimension des figures, relie entre eux les divers médaillons, et contribue, par l'heureuse combinaison de ses couleurs, à mettre en harmonie toutes les parties de la verrière.

Un simple réticulaire appliqué sur un fond uni (le plus souvent rouge sur un fond bleu), et orné de trèfles ou de perles aux points d'intersection, semble être le premier type, ou, du moins, la donnée la plus rudimentaire de ce genre de décoration, varié ensuite à l'infini.

Parfois un fond blasonné peut remplacer avantageusement les fonds réticulés; mais, pour cela, il faut des armoiries peu compliquées. Un semé de France ou de Castille est d'un charmant effet : on serait loin de réussir aussi bien avec les armes d'Angleterre.

On peut obtenir également de bons effets avec des fonds lozangés, ou en forme d'écailles.

Souvent encore, on fait circuler sur un fond de couleur intense (rouge ou bleu) des rinceaux unis ou fleuronnés, ingénieusement entrelacés entre eux.

Cette dernière disposition se rattache plus ou moins au style de l'ornementation byzantine. Peut-être en a-t-on un peu abusé dans ces derniers temps.

Pour les fonds comme pour les figures, le dessin principal étant donné par le contour des plombs, quelques traits noirs suffisent pour indiquer les petits détails de l'ornementation.

Style de la renaissance (1).

Ainsi que je l'ai dit plus haut, il existe un autre genre de vitres légendaires, genre plus perfectionné, où la mosaïque primitive est remplacée par une peinture véritable.

La fin du quinzième siècle et le commencement du seizième nous ont laissé de charmants spécimens de ce style, dont Robert Pinaigrier me semble avoir été l'un des plus admirables interprètes.

Ici, plus de ces fonds aux riches couleurs, sur les-

(1) Entre les vitres légendaires du treizième siècle et celles qui nous restent du temps de la renaissance, on pourrait citer, sans doute, beaucoup de verrières qui ont servi de transition d'un style à l'autre. Il y en a de fort intéressantes pour l'histoire de l'art, dont on peut y observer les transformations successives; mais, en raison même de l'indécision de style qui s'y manifeste, je ne pense pas qu'on doive les proposer pour exemple aux artistes modernes.

quels chaque médaillon semblait, en quelque sorte, accroché comme un tableau. Désormais, les sujets de la légende remplissent à eux seuls tout le cadre de la verrière. Tantôt nous les trouvons tout simplement juxtaposés entre eux, sans nulle autre séparation que les meneaux ou l'armature de la fenêtre ; tantôt, ce qui vaut mieux, chaque sujet est renfermé dans un cadre particulier formé par des colonnes, des pilastres et des frises d'architecture d'un style analogue à celui de la composition.

Assez communément on trouve des inscriptions placées au-dessous de chaque tableau en forme de soubassements, ce qui présente le double avantage de bien séparer les sujets les uns des autres, et de rendre plus facile l'intelligence d'une légende souvent obscure.

Ce genre de vitres légendaires atteste certainement un état de l'art plus avancé. C'est de la vraie peinture, et souvent de la bonne ; mais il n'est pas certain qu'au point de vue de la décoration cela constitue un progrès. Dans tous les cas, l'exécution en est beaucoup plus difficile, puisqu'elle exige, outre la connaissance des styles, une main exercée et un véritable talent de peintre. Elle est aussi beaucoup plus dispendieuse, et ne saurait convenir pour des verrières placées à grande distance de l'observateur.

Il est donc permis de dire qu'en fait de vitres légendaires, le style primitif est susceptible de beaucoup plus d'applications que celui qui a pour type les monuments du seizième siècle.

Genre mixte.

Les grandes figures, ainsi que je l'ai dit dans le chapitre précédent, conviennent plus particulièrement à la décoration des vastes édifices.

Les vitres légendaires, également bien placées dans ces églises, peuvent aussi convenir à d'autres édifices de moindres dimensions.

Enfin, il y a un troisième genre de verrières, qui semble appartenir plus spécialement à la moyenne décoration. Je le désigne sous le nom de *genre mixte*, parce que, n'étant pas astreint à des règles aussi absolues que les autres, il se prête aisément à des compositions de la nature la plus diverse.

Tantôt, ce sont tout simplement des figures de saints juxtaposées dans les différentes baies d'une fenêtre à meneaux, et formant, au besoin, deux rangées de personnages, l'une au-dessus de l'autre.

Tantôt ce sont de vastes compositions empruntées aux légendes sacrées, qui remplissent la fenêtre tout entière, ou se divisent en deux grands sujets superposés.

Quant aux règles à observer pour ce genre de compositions, elles sont, dans le premier cas, absolument différentes de ce que nous les avons vues pour les grandes figures isolées à placer aux fenêtres supérieures des cathédrales. Ici, l'on n'est plus obligé de s'astreindre à la même simplicité dans la composition. Les détails qui se perdraient à grande distance et nuiraient même à l'effet d'ensemble, retrouvent, dans les verrières dont il s'agit, leur place la mieux appropriée. Ce n'est plus le ciel qu'il faut chercher sous la transparence des fonds unis. Ramené plus près de notre terre, l'œil s'accommode fort bien ici de fonds plus solides, plus matériels, tels que des parties d'architecture ou des tentures formées de brillantes étoffes. Vue de près, la richesse des costumes, loin d'entraîner la confusion, ne fait elle-même qu'ajouter à l'éclat du tableau.

Pour ce qui est des bordures, ressource éminemment utile ailleurs pour relever la simplicité grandiose des figures, elles n'ont plus d'objet, et ne sauraient trouver place, en présence d'une ornementation assez riche par elle-même. Dans les verrières de genre mixte, on ne doit voir, en fait de bordures, que celles des étoffes, où le peintre peut encore utiliser toutes les richesses de sa palette, comme, dans les détails de l'architecture, il peut développer toute la grâce et l'ingénieuse habileté de son crayon.

Dans les sujets composés de nombreuses figures, ces parties d'architecture acquièrent parfois l'importance de monuments complets, de palais véritables. Des châteaux, des villes entières viennent décorer les fonds, et remplir ingénieusement les vides toujours fâcheux que les figures laissent entre elles.

Quant à l'architecture véritable, quant aux meneaux qui partagent généralement les fenêtres dans le sens de leur hauteur, et coupent ainsi les grandes compositions en plusieurs morceaux, on aurait tort de s'en préoccuper : ils ne nuisent aucunement à l'effet d'ensemble. La seule précaution à prendre est d'éviter, autant que possible, que le même personnage ne passe d'un côté à l'autre d'un meneau. Cela s'est fait et peut se voir dans quelques vitraux anciens : mais c'est une hardiesse assez malencontreuse, qu'il me semble plus sage de ne pas imiter.

Les compositions du genre mixte prennent souvent un développement qui en fait de véritables tableaux. Grâces à la proportion des figures, on peut assigner à chacune d'elles son caractère propre, leur donner toute l'importance qu'elles ont dans la grande peinture classique, et même en pousser fort loin l'exécution.

En un mot, le genre mixte réunit les ressources les plus variées. Peut-être, à considérer l'ensemble de la décoration d'un vaste édifice, ce genre ne serait-il pas le plus parfait; mais, à voir chaque œuvre isolément, on y rencontre toutes les qualités qui peuvent charmer l'œil, et c'est dans cette classe de monuments qu'il faut chercher les plus remarquables chefs-d'œuvre de la peinture sur verre proprement dite.

Nulle part, en effet, le talent de l'artiste ne saurait trouver un plus beau champ, ni la piété des donateurs un cadre plus flatteur que celui-là. Aussi les grands maîtres de l'art y ont-ils placé, de préférence, leurs plus belles madones; aussi les bienfaiteurs des églises, princes, chanoines, magistrats, artisans, grandes dames ou petites bourgeoises, ont-ils eu, à l'envi, le goût de s'y faire peindre dévotement aux pieds de leurs patrons.

L'usage a encore établi, pour cela, des règles à peu près constantes, et d'ailleurs fort raisonnables, auxquelles on ne doit pas déroger. C'est toujours à genoux et dans le bas du tableau que les donateurs doivent être représentés, l'homme à la gauche de l'observateur et la femme à sa droite, selon les règles du blason, qui supposent que l'écu est vu de face. Si les fondateurs se font peindre avec leurs enfants, les garçons doivent être représentés à la suite de leur père, et les filles viennent tout naturellement du côté maternel.

On voit bien quelquefois, dans des vitraux anciens, toute une famille de donateurs placés en groupe d'un seul côté, le père et la mère en tête; mais cela ne se rencontre guère que dans des monuments mesquins et pour de petites figures. Je ne crois donc pas qu'on doive prendre ces monuments pour modèles.

De tout ce qui précède, je conclus que les vitraux

du genre mixte conviennent mieux à la moyenne décoration qu'à celle des grands édifices. Pour bien produire leur effet, ils ne doivent pas être relégués trop loin de l'œil, ni se présenter sous un angle trop aigu au regard de l'observateur. Les places qui leur conviennent le mieux sont les fenêtres de l'étage inférieur percées tout autour de l'église, ou bien les larges baies destinées à éclairer les transepts. Conches, Saint-Étienne de Beauvais, Notre-Dame de Brou, offrent les plus merveilleux exemples de ce genre de décoration. Dans quelques églises, on a voulu l'étendre aux fenêtres de l'étage supérieur; mais il est évident que ces verrières n'y sont pas à leur avantage, et que là n'est point la place qui leur convient.

VI.

DE L'ORNEMENTATION.

Dans la peinture sur verre, comme dans tous les arts décoratifs, l'ornementation a une grande importance. Faute de bien s'en rendre compte, nous avons vu échouer, plus d'une fois, des artistes d'un talent supérieur. En général, c'est par l'excès qu'ils pèchent. Ils ne comprennent pas assez tout ce que l'abus a de préjudiciable en ce genre, tout le tort qu'ils font à leur œuvre en la surchargeant d'ornements qui fatiguent l'œil, nuisent à l'harmonie générale et à la clarté du sujet.

Je sais bien qu'en pareil cas on s'autorise toujours de quelque exemple recueilli parmi les monuments anciens. Mais parce que, dans les verrières des quinzième et seizième siècles, on trouve souvent de riches tentures damassées, servant de fond aux figures; — parce que certaines figures elles-mêmes se font remarquer par des draperies formées d'étoffes brillamment ornées; — s'ensuit-il, par exemple, que, partout et simultanément, il faille damasser tous les fonds, et surcharger d'ornements plus ou moins criards tous les vêtements des personnages? Oublie-t-on donc que la simplicité a presque toujours été le cachet des grandes écoles?

En ce qui concerne les fonds, je ne prétends pas dire qu'ils ne soient, dans certains cas, susceptibles d'une très-riche ornementation; il faut seulement que celle-ci y soit toujours convenablement appropriée. Ainsi, je suis d'avis qu'on ne doit pas se permettre de damasser le ciel, comme l'ont fait sans scrupule quelques peintres d'ailleurs fort estimables. Le dessin damassé suppose un fond d'étoffe; or, il faut que cela soit indiqué d'une façon quelconque, comme par des plis, ou, mieux encore, par une bordure.

J'ajouterai que les fonds de ce genre ne sauraient

trouver place indifféremment partout. Ils ne conviennent évidemment qu'à des figures isolées, étrangères à toute action collective ; et encore, je le demande, pour les grandes figures mystiques dont on décore le haut du sanctuaire, pour les anges et les chérubins qui chantent la gloire de Dieu, le ciel, représenté par une teinte bleue tout unie, n'est-il pas un fond plus convenable que de somptueuses étoffes ?

Quant aux draperies ou vêtements des personnages, sans doute une riche ornementation est, dans beaucoup de cas, fort admissible. Néanmoins, si on l'appliquait à des figures de proportions trop réduites, cela aurait l'inconvénient de les écraser complétement. Cet inconvénient n'est pas le même pour les grandes figures ; mais, là même encore, on doit éviter que les ornements ne prennent trop d'importance, eu égard au sujet. Sous ce rapport, les dessins damassés conviennent à merveille. Composés seulement de deux nuances appartenant à la même gamme de tons, ils n'ont rien de criard, et présentent par eux-mêmes d'excellentes conditions d'harmonie.

Ici, je ne saurais omettre une observation essentielle en ce qui touche les dessins damassés appliqués, soit aux fonds, soit aux draperies : c'est que, dans l'un et l'autre cas, il faut bien se garder de réchampir la couleur principale du fond par des dessins d'une couleur absolument différente. Un vitrail n'est pas un tapis turc, et l'harmonie ne s'y obtient pas aux mêmes conditions.

Peut-être pourrait-on citer, à l'encontre de ce que j'avance, quelques fonds blasonnés, comme, par exemple, une tenture fleurdelisée sur laquelle se détacheraient des personnages. Je n'en connais, pour ma part, que peu d'exemples ; encore dirai-je qu'ils ne sont pas heureux, et que si cela réussit pour la peinture à l'huile, qui a la ressource d'éteindre et de glacer les tons, il n'en est pas de même pour la peinture sur verre, où les couleurs se montrent dans toute leur crudité.

A plus forte raison faut-il éviter, d'une manière absolue, l'emploi des plombs pour indiquer les contours du dessin damassé. Cela ferait des trous dans l'étoffe, y simulerait des pièces, et les figures cesseraient d'avoir le relief qui leur convient.

Il y a encore un abus contre lequel il est sage de se prémunir : c'est l'emploi simultané des étoffes damassées pour les fonds et pour les vêtements des personnages. On peut, je le sais, en citer quelques exemples dans des vitraux de la meilleure époque : les admirables figures de Brou, près Bourg en-Bresse, se trouvent dans ce cas. Mais ce sont là de ces tours de force qui, trop souvent, portent malheur à ceux qui veulent les imiter. Et, d'ailleurs, pourquoi redouter si fort les fonds unis, qui, après tout, ont prévalu dans la plupart des monuments célèbres de la peinture sur verre ? Pourquoi redouter la couleur unie des étoffes, à laquelle également les grands artistes d'autrefois ont, en général, donné la préférence ?

Le modelé, les plis, les accidents si variés des draperies, sans parler des objets accessoires qui se détachent en avant d'elles, suffisent pour rompre l'uniformité d'une trop large surface monochrome.

Est-ce l'excès de la transparence qu'on redoute ? Mais le peintre sur verre un peu exercé dans la pratique de son art n'a-t-il donc pas assez de moyens de l'atténuer, d'abord par le choix de verres convenablement appropriés, ensuite par la peinture dont il les couvre, et enfin, au besoin, par la *couverte* qu'il peut y appliquer dans de certaines conditions ?

Je ne crains pas de le répéter, les fonds unis, l'emploi des couleurs unies pour les draperies et les vêtements, conviennent mieux que tout, dans le plus grand nombre des cas; les damassés sont une variante de l'effet le plus brillant, mais qu'il faut savoir employer à propos.

D'ailleurs, ce n'est pas le seul moyen de donner de la richesse aux draperies. Le peintre peut également tirer un grand parti des bordures; rien ne prête davantage au caprice du dessin et à l'éclat des couleurs. Le contraste des nuances les plus vives y convient à merveille, et l'on peut y semer à profusion les orfrois, les perles et les pierreries, dont la peinture sur verre reproduit l'éclat avec tant de bonheur.

Les étoffes elles-mêmes ne sont pas le seul élément qui concoure à la riche ornementation d'un tableau sur verre. Il y a, pour l'artiste, une foule de ressources dans ces mille accessoires qui se rattachent au sujet principal, tels que les armures, les ornements d'église, les meubles, les joyaux, les fleurs, et surtout les détails si variés d'une élégante architecture.

J'ai déjà signalé deux ornements spéciaux, les *so-*

cles et les *dais*, qui se trouvent continuellement employés pour allonger la composition dans le sens de sa hauteur; ce qui permet de remplir les plus étroites lancettes avec une seule figure. La disposition du dais se prête merveilleusement aux découpures les plus fines, aux détails les plus délicats, et sa forme pyramidale a l'avantage de laisser libre, au sommet de la fenêtre, une assez grande surface du fond, ce qui donne de l'air et du relief à la composition. Le cadre ogival lui convient parfaitement. Aussi, vers le seizième siècle, lorsque le plein-cintre succéda à l'ogive, les dais perdirent-ils aussitôt leurs formes élancées et leur sommet pointu.

L'architecture prend tout un autre caractère dans les vastes compositions qui embrassent une fenêtre entière. Là, on peut parfaitement admettre que les grandes lignes horizontales, telles que les frises, les soubassements, les portiques, se prolongent d'une baie à l'autre, et que l'ensemble de cette architecture figurée soit soumis à une perspective unique. L'église Saint-Eustache de Paris présente, dans ce genre, une disposition tout à fait exceptionnelle, où ce principe est poussé, pour ainsi dire, jusqu'à l'extrême. Les treize fenêtres qui éclairent le haut du chœur, bien que largement séparées entre elles, sont ornées de portiques qui, par un effet de perspective générale, convergent tous vers un même point, situé au fond du sanctuaire. C'est là une idée hardie, qui ne manque pas de grandeur, mais qu'il serait peut-être imprudent de vouloir imiter.

L'architecture peut être employée très-utilement, dans une verrière, comme cadre ou comme bordure. Des pilastres ou de légères colonnes forment un encadrement latéral du meilleur goût. Au moyen d'une frise horizontale convenablement ornée, on peut, autant que l'exige la nature de la composition, séparer la partie carrée de la fenêtre de son amortissement. Enfin les soubassements, susceptibles par eux-mêmes de recevoir toute espèce de décoration, ont le double avantage d'élever suffisamment le sujet principal et de le détacher des parties accessoires, telles que les inscriptions, les blasons, les chiffres et les figures de donateurs, dont la place ordinaire et rationnelle est toujours au bas de la fenêtre.

C'est, en plus grand, un encadrement du même genre que celui qu'on trouve dans les vitres légendaires du style de la renaissance.

Le goût de l'artiste a de quoi se développer beaucoup dans cette partie de l'ornementation ; aussi devient-il fort difficile de lui tracer ici des règles bien précises. — On ne saurait donner du goût à ceux qui en manquent, et tout ce qu'on peut faire est de leur recommander sans cesse d'éviter toute excentricité, et de chercher à s'inspirer des bons modèles que nous ont laissés les siècles passés.

VII.

DES RÈGLES ARCHÉOLOGIQUES.

C'est se montrer bien exigeant peut-être que de demander de la science à l'artiste, que de vouloir astreindre à des règles étroites le génie indépendant qui se joue en liberté dans sa noble carrière, et semble n'avoir ici-bas d'autre mission que de charmer les yeux pour arriver à l'âme.

Vis-à-vis de ces intelligences d'élite dont on admire, dont on aime le talent, c'est, je le répète, se montrer bien exigeant que de dire : « Cela ne suffit pas. » — Et pourtant il faut avoir cette franchise.

Oui, pour l'artiste à qui échoit la noble tâche de décorer les monuments qui nous restent de tant de siècles passés, — pour celui qui, dans une œuvre durable, veut léguer son souvenir et sa gloire aux siècles à venir, — pour celui qui veut se rendre l'éloquent interprète d'une pensée religieuse, l'historien fidèle d'une tradition séculaire, — il faut que l'étude sérieuse de cette tradition et des siècles qui l'ont vue naître, vienne diriger la main et imprimer à l'œuvre entière ce cachet d'orthodoxie qui, seul, peut la placer au-dessus de la critique.

Le temps n'est plus où le peintre pouvait se permettre de donner à tous ses personnages les costumes de son époque, où il chaussait les empereurs romains de souliers à la poulaine, et faisait porter aux gardes de Ponce Pilate la livrée du seigneur dont on décorait la chapelle. — Je connais une église de campagne où le bourreau qui décolle saint Jean-Baptiste est vêtu aux couleurs des vicomtes de Melun, seigneurs du lieu.

Cela se pouvait faire à une époque où l'ignorance du public s'accommodait fort bien de celle du peintre; mais, aujourd'hui, notre public est devenu plus difficile. Qui, de nos jours, oserait, je vous le demande, aborder franchement l'anachronisme comme on l'a fait au moyen âge, et affubler les saints ou les personnages de la Bible du costume que nous portons nous-mêmes? — Celui-là serait un fou, me dira-t-on. — Mais dès lors, et puisqu'il faut bien rechercher dans l'histoire du passé quelque costume acceptable, pourquoi donc ne pas faire tout de suite de l'histoire vraie? Pourquoi demander aux quatorzième et quinzième siècles des accoutrements invraisemblables, plutôt que de reproduire, avec tout le soin possible, les costumes et les usages de l'époque indiquée par le sujet lui-même?

Pour les siècles qui nous sont connus, le mieux est de *faire vrai;* pour ceux que nous ne connaissons qu'imparfaitement, il faut au moins chercher *le vraisemblable*, et réserver exclusivement pour les œuvres de restauration certains pastiches qui, dans les œuvres nouvelles, touchent de près au ridicule.

Quelques peintres s'imaginent aussi qu'ils font preuve de connaissances archéologiques en abusant de divers ornements d'un goût assez douteux, dont le moyen âge, il est vrai, nous a laissé quelques modèles.

Telles sont, par exemple, les bordures d'étoffes formées d'inscriptions légendaires.

D'abord, avant d'employer ce genre d'ornement, il faudrait bien savoir ce qu'il signifie. Or, il s'en faut de beaucoup que les archéologues soient d'accord à ce sujet. Il est vrai que, dans les monuments d'une certaine époque, dans ceux du quinzième siècle surtout, on voit souvent des lettres de diverses formes figurer aux bordures des draperies. Mais la première question serait de savoir si ces lettres, dans la pensée du compositeur, avaient un sens déterminé, ou bien si elles ne sont là qu'à titre d'ornements.

Évidemment la dernière hypothèse est la seule admissible dans la plupart des cas; souvent, en effet, ces lettres ne sont qu'une grossière imitation des caractères arabes, destinée à indiquer l'origine orientale ou hébraïque de certains personnages. C'est ainsi qu'on en trouve sur les manteaux des mages, des prophètes, des rois de l'Ancien Testament, et même sur celui de la Vierge divine issue de ce glorieux lignage. Ces caractères pseudo-arabes sont loin d'avoir un sens.

Parfois, il est vrai, on trouve des caractères latins employés de la même manière. Le plus souvent ce sont des noms propres. Je me rappelle aussi avoir vu des fragments de l'Oraison dominicale servir de bordure à la robe de quelques apôtres. Mais ce n'était certainement pas dans des monuments d'un grand style; car il est bien plus conforme à la tradition de placer les inscriptions de ce genre sur des phylactères ou banderoles tenues en main par les personnages de la légende.

On aurait donc tort de prendre habituellement pour modèle des exceptions empruntées au style le plus médiocre.

Je n'irai pas plus loin sans combattre également l'abus qu'on a fait trop souvent des inscriptions placées sur les auréoles des saints. On peut, je ne le nie pas, en citer quelques exemples dans les monuments anciens; mais ce sont encore là de ces exceptions qui n'ont pas, à mes yeux, une grande autorité. — Ainsi, on voit à Strasbourg de simples figures de rois ou d'empereurs ornées d'auréoles de ce genre, sur lesquelles leurs noms et qualités sont écrits en toutes lettres. —Serait-ce donc une raison pour octroyer indifféremment l'attribut des saints à tous les monarques passés? ou plutôt, au contraire, cet exemple ne nous autoriserait-il pas à penser que la présence toute matérielle d'un nom écrit sur l'auréole enlève, jusqu'à un certain point, à cet attribut le caractère mystique qui lui est propre?

En règle générale, on peut dire que l'auréole doit être unie, sauf, bien entendu, celle de Notre-Seigneur, qui se distingue toujours par la croix dont elle est traversée. Selon le style de la composition, les auréoles peuvent être entièrement rondes, ou bien placées en perspective. Quelques peintres de la renaissance les ont ornées de cannelures rayonnant du centre à la circonférence, ce qui, dans certains cas, est d'un assez bon effet.

Selon la tradition chrétienne, l'auréole est l'attribut fixe de tous les saints; mais ensuite viennent une foule d'attributs divers, dont chacun est le propre d'un personnage déterminé. Obligé de s'en rapporter, à cet égard, à la tradition généralement reçue, le peintre doit avoir soin de rechercher celle-ci aux meilleures sources. La tradition, en effet, ne lui apprend pas seulement quel est l'objet à représenter, mais aussi de quelle façon doit être représenté cet objet. — Un évêque et un abbé portent également la crosse; mais l'artiste doit savoir que l'abbé ne la tient pas de la même manière que l'évêque. — A certains prélats appartient le droit ou le privilége de porter le *pallium;* mais ce n'est pas un ornement que le peintre soit autorisé à décerner, selon son caprice, à tous les évêques dont il reproduit l'image. Et puis, dans cet ornement, rien n'est arbitraire. Il faut savoir le nombre de croix dont il est chargé, sa couleur, la manière dont il s'adapte sur les vêtements épiscopaux. L'Église a, pour tout cela, des règles fixes qui doivent être rigoureusement suivies.

La même exactitude doit être observée jusque dans les moindres détails des vêtements et des ornements sacerdotaux. Moins sujets que les vêtements civils aux caprices de ce monde, il ne faut pas oublier cependant qu'ils ont subi progressivement d'importantes modifications. Ce serait une faute de donner à un évêque des premiers siècles la lourde crosse et la ridicule coiffure qu'on a substituée, dans ces derniers temps, au bâton pastoral et à la mitre surbaissée des anciens prélats.

Si, des attributs mystiques et des ornements traditionnels de l'Église, nous passons à la science profane du blason, là nous trouvons des règles encore plus précises. La moindre erreur dans les couleurs ou dans la position des pièces est tout aussi grossière que l'interposition de plusieurs lettres dans un nom propre. Cela devient parfois tout à fait inintelligible. — Tournez à gauche le profil d'une pièce qui doit se présenter à droite (confondez *dextre* et *sénestre*), et, du chef d'une grande famille, vous allez faire un malheureux bâtard.

Je sortirais trop du cadre restreint que je me suis proposé, si j'essayais de rappeler ici les principales règles du blason. Mais qu'il me soit permis, du moins, d'en signaler toute l'importance, et d'insister pour que le peintre ait toujours soin de s'y conformer exactement.

Pour tout cela, des connaissances archéologiques lui sont indispensables. Il doit en avoir également pour ce qui concerne l'architecture, partie si essentielle de la décoration. Trop fréquemment on en a fait une simple affaire de fantaisie, où chacun prend son goût pour guide unique, appliquant à tout propos le style qu'il affectionne en particulier. Les uns n'aiment que le byzantin ; — les autres se vouent au style de transition ;—ceux-ci ont la fureur de la renaissance ; — ceux-là se passionnent pour le gothique flamboyant, qu'ils font flamboyer partout sans rime ni raison ;—bien peu cherchent à être de leur temps, à avoir un style à eux.

L'honneur de créer un style nouveau appartiendra-t-il à notre époque? Rien, jusqu'ici, ne nous permet encore de l'espérer. Il est vrai que les artistes de la renaissance croyaient copier l'antique, lorsqu'ils imprimaient à leurs œuvres un cachet si particulier. Peut-être, nous aussi, créons-nous un style sans nous en douter, comme ce bon M. Jourdain faisait dans la prose. Cependant, cela me paraît fort peu probable.

A ne nous prendre donc que pour de simples imitateurs, encore faut-il que nous sachions imiter avec intelligence, ce qui suppose toujours une certaine connaissance des styles.

Une dissertation approfondie sur ce sujet m'entraînerait, on doit le comprendre, encore plus loin que le blason. Tout ce que je puis faire est de renvoyer le lecteur curieux aux livres spéciaux, qui existent en grand nombre.

VIII.

DE LA MANIÈRE DE PEINDRE LE VERRE.

Selon la place qu'on lui destine, la nature de sa composition et la grandeur des personnages, un vitrail doit être peint comme un tableau véritable, ou bien être traité comme une œuvre de simple décoration.

Dans ce dernier cas, il est évident que le fini du travail, loin de constituer une qualité appréciable, nuit plutôt à l'effet général de la verrière.

De même que, pour de grandes figures vues à

distance, il faut un dessin très-clair, un geste simple, et de la sobriété dans l'ornementation ; de même il faut que ces figures soient peintes largement et à grands traits, de manière à produire un vigoureux effet et de puissants contrastes.

On ne doit pas oublier, d'ailleurs, que, sous le rapport des conditions matérielles, la peinture sur verre diffère complétement de tous les autres genres de peinture.

Dans un vitrail, il n'y a d'opaque que l'armature et les plombs. La transparence du verre s'y fait sentir jusque dans les parties du tableau qui doivent être relativement les plus sombres. Si donc on recouvre toute la surface du verre d'une couche égale de peinture, il en résulte forcément une monotonie sans éclat qui fatigue l'œil. Le peintre ne peut plus obtenir les contrastes dont il a besoin qu'en montant de ton, outre mesure, toutes les parties qui sont dans l'ombre ; et il arrive, de cette façon, à obscurcir considérablement l'aspect général de sa verrière. Les procédés usités dans les autres genres de peinture ne font pas assez ressortir les parties lumineuses d'un vitrail. Il y a, pour cela, d'autres moyens plus efficaces, que les anciens peintres verriers ont constamment mis en usage : je veux parler du contraste habilement ménagé entre les parties peintes et celles où le verre, laissé à nu, est traversé par la lumière du jour, sans qu'aucun intermédiaire ne vienne en amortir l'éclat.

La manière de produire ces contrastes diffère selon la nature même de l'objet à représenter, et le genre du vitrail dont il s'agit.

Ainsi, pour les figures destinées à être vues de loin et haut placées, et dont les draperies sont peintes à grands traits, quelques ombres indiquent suffisamment le mouvement des plis et le modelé ; et le verre, dont la coloration intrinsèque indique la couleur générale des vêtements, peut rester, partout ailleurs, dans son état naturel.

Il ne saurait en être de même pour les têtes, dont le modelé est nécessairement plus soigné. Dans ce cas, la couleur appliquée à la main est couchée sur le verre d'une manière plus uniforme, et alors c'est en enlevant, avant la cuisson, une partie de cette couche peinte, qu'on donne aux parties saillantes l'éclat et le relief dont elles ont besoin.

Lorsqu'il s'agit de traits particulièrement fins.

comme les cheveux, les poils de la barbe, et surtout dans ces jolis vitraux d'appartements qu'on désigne, en général, sous le nom de *vitraux suisses*, les parties lumineuses s'enlèvent au moyen d'une pointe, ce qui leur donne une extrême netteté et beaucoup de délicatesse.

Je ne parle pas ici de certains *réchampis* sur fonds unis qu'on obtient au moyen d'un verre doublé, dont on enlève, en quelques endroits, la couche de couleur, pour appliquer à sa place un émail d'une autre nuance.

Autrefois, on usait à la meule les parties qu'on voulait ainsi enlever. Aujourd'hui, on arrive plus facilement au même résultat par l'emploi de l'acide hydrofluorique.

Mais ceci rentre dans la catégorie des procédés techniques, que je n'ai pas entrepris de décrire, et qui se trouvent d'ailleurs consignés dans tous les traités spéciaux sur cette matière.

J'ai dit plus haut qu'une exécution trop finie pouvait nuire considérablement à l'effet d'un vitrail. En effet, d'après tout ce qui précède, il est facile de voir combien la peinture sur verre diffère des autres genres de peinture, particulièrement de la peinture sur porcelaine, à laquelle, pendant longtemps, on a semblé vouloir l'assimiler. Dans les peintures opaques, l'effet s'obtient uniquement au moyen de la couleur : dans le vitrail, l'harmonie des couleurs doit se combiner habilement avec le jeu de la lumière. Pour cela, il ne faut même pas que la couche vitrifiable soit trop lisse, ni appliquée trop également. Des ombres un peu granuleuses, telles que celles qui résultent de l'emploi du blaireau, produisent, sous ce rapport, un bien meilleur effet.

Tout cela, bien entendu, s'applique surtout aux grandes figures ; car les petits sujets, et surtout les vitraux d'appartements, supportent et exigent même un travail beaucoup plus fini.

IX.

DU CHOIX DES VERRES.

On est assez généralement d'accord aujourd'hui que l'emploi du verre teint dans la masse produit des effets plus puissants et plus solides que l'application des couleurs émaillées sur verre blanc.

Cela étant, je n'ai pas besoin de faire ressortir combien il serait important, pour faire de bons vitraux, de n'employer jamais que des verres qui ne laissassent rien à désirer sous le double rapport de la couleur et de la fabrication.

Malheureusement, les verres modernes ne réunissent pas, en général, toutes les qualités qu'on voudrait trouver en eux. Ce n'est pas que la fabrication en soit imparfaite : loin de là, c'est plutôt par l'excès de sa perfection qu'elle pèche. Les découvertes des savants modernes ont apporté d'assez notables modifications dans la composition du verre à vitres : la pâte en est plus pure, plus égale, plus homogène ; sa transparence est plus parfaite. Mais si toutes ces qualités constituent un progrès réel pour le verre blanc destiné aux vitres de nos appartements, elles sont loin d'être aussi favorables à la bonne exécution des vitraux de couleur. L'extrême pureté des verres modernes, jointe à leur épaisseur relativement beaucoup moindre que celle des verres anciens, leur donne une transparence tellement excessive, qu'on est obligé de recourir à toute espèce de moyens pour atténuer un peu ce défaut.

En même temps, l'excès d'homogénéité de la pâte peut avoir pour inconvénient de priver les vitraux de cette patine inimitable que leur imprime l'action des agents extérieurs.

C'est donc, je le répète, la perfection même des

verres modernes qui constitue, jusqu'à un certain point, leur infériorité relative.

A les examiner de près, il est facile de voir que les anciens verres étaient d'une fabrication extrêmement grossière. Leur épaisseur, toujours assez grande, est en même temps fort inégale ; ils sont souvent *gauchis ;* leurs surfaces ne sont pas parfaitement planes; on y remarque des stries, des bulles, et divers autres défauts, surtout apparents dans les verres blancs. Ces derniers méritent à peine leur nom, tant le blanc en est douteux; et cependant leur nuance grise ou verdâtre bien prononcée, et tous les défauts qu'ils contiennent, loin d'être un inconvénient aux yeux du peintre verrier, semblent être précisément ce qui les préserve de la crudité inhérente à tous nos beaux verres blancs.

Les anciens verres blancs l'emportent de beaucoup sous le rapport de l'harmonie, si bien qu'on en est revenu aujourd'hui à s'efforcer de reproduire leurs prétendues imperfections. Je pourrais en dire presque autant du verre des autres nuances.

Le mieux, à coup sûr, serait que chaque peintre verrier pût lui-même fabriquer son verre, ou du moins qu'on établît une fabrique spéciale occupée à produire, d'après les enseignements du passé, des verres destinés exclusivement à l'usage du vitrail. Malheureusement, la consommation n'en serait pas encore suffisante pour alimenter une grande usine. Il faut donc bien se contenter, pour le moment, des verres du commerce, et savoir gré aux industriels éminents qui ont déjà apporté des améliorations si notables à cette branche de leur fabrication, en cherchant à concilier les exigences de l'art avec celles du commerce.

On ne saurait trop recommander à l'artiste, 1° de choisir toujours des verres d'une épaisseur suffisante, lorsqu'il pourra s'en procurer; il y trouvera tout avantage au double point de vue de la couleur et de la solidité; 2° de rechercher les tons les plus intenses, et surtout les plus francs, tels que de beaux rouges, de beaux bleus, des verts, des violets à l'avenant, quelques jaunes bien purs; 3° d'éviter, par conséquent, ces tons d'invention toute moderne, dont l'aspect douteux jure au milieu des nuances si franches que le vitrail semble emprunter au spectre solaire.

Il ne faut pas, d'ailleurs, une grande diversité de couleurs dans le choix des verres pour obtenir, avec l'aide du pinceau, les effets les plus remarquables et les plus variés. Un genre de peinture qui admet jusqu'à un certain point le mélange de la grisaille et de la polychromie, peut se contenter d'une palette peu compliquée.

Ici encore, je dois spécifier une exception en ce qui concerne les petits vitraux faits pour être vus de près. Dans ce cas-là, on doit évidemment choisir des verres d'une fabrication plus pure ; les blancs doivent être plus incolores, et d'une transparence plus parfaite.

Mais c'est là l'exception ; et lorsque je pose des règles générales, c'est toujours en vue de la grande décoration religieuse, qui est le véritable champ ouvert à la peinture sur verre.

X.

DES COULEURS.

Le choix et la disposition des couleurs est ce qu'il y a de plus important dans la peinture sur verre.

La couleur est tout à la fois dans la pâte du verre et sur la palette du peintre.

Déjà je viens de dire quelques mots sur le verre en lui-même. Il me reste donc à parler maintenant des soins qu'on doit apporter à sa mise en œuvre, toujours au point de vue de l'harmonie des couleurs.

Cette harmonie résulte :

1° De l'intelligence avec laquelle on rapproche les unes des autres les couleurs les plus propres à se faire valoir réciproquement ;

2° De l'art avec lequel le peintre sait employer les ressources de sa palette pour colorer les parties claires, et modeler celles dont la teinte générale du verre indique suffisamment la nuance.

La première de ces qualités exige beaucoup d'expérience, et la seconde beaucoup d'habileté.

J'ai dit, un peu plus haut, que, dans le choix des verres, il fallait rechercher les tons les plus intenses. C'est qu'en effet l'aspect général d'une verrière peinte est rarement satisfaisant, si sa coloration ne présente pas une assez grande puissance. Cela s'explique par deux raisons : — la transparence naturelle du verre, — et le contraste désagréable qui résulterait de l'opacité des plombs, au milieu d'un tableau par trop diaphane.

Pour qu'un vitrail soit harmonieux dans son ensemble, il faut, en outre, éviter avec soin qu'aucune nuance particulière ne prédomine dans une de ses parties, en dehors du ton général de la verrière.

Cela ne s'applique pourtant point aux fonds unis des vitres à grands personnages. L'importance qu'ils prennent, au point de vue de la couleur, contribue, au contraire, à faire ressortir le sujet. — Personne n'a jamais trouvé qu'un ciel bien pur nuisît à l'aspect harmonieux et pittoresque des scènes qui se passent au grand air.

Mais c'est dans les détails mêmes du sujet, dans la légende, si c'en est une, dans l'accoutrement des personnages, dans les accessoires les ornements, les bordures, et tout le reste, qu'il faut éviter ces taches auxquelles donnerait lieu la répartition inégale et inhabile des différentes couleurs.

Sous ce rapport, les grands peintres verriers, les inimitables décorateurs du treizième siècle, avaient une habileté qu'on ne pourra jamais dépasser, et c'est dans leurs œuvres qu'il faut toujours venir étudier cet art si difficile de l'harmonie.

En face d'une belle vitre légendaire de cette époque, l'observateur attentif ne trouverait pas un seul panneau où une couleur quelconque prédominât aux dépens du ton général de la verrière.

Notez que cela ne s'applique pas seulement à une verrière isolée. Dans l'ensemble de la vitrerie d'une grande église, une fenètre ne doit non plus faire tache au milieu de l'harmonie générale.

Chartres, ce type éternel du grand art chrétien des douzième et treizième siècles, offre à l'étude de merveilleux exemples en ce genre. — Aux tons froids et mystérieux de la nef, qui semblent appeler un pieux recueillement dans l'âme des fidèles, succède, en s'approchant du chœur, une lumière plus colorée, une lueur plus vive. Du haut des fenêtres du sanctuaire, sobres de détails et chaudement teintées, les flots d'une radieuse clarté descendent sur l'autel, tandis qu'autour du chœur, les chapelles, couronne mystique placée au sommet de la croix, voient leurs sombres voûtes se colorer, comme à travers un prisme, de tout l'éclat des rubis, des saphirs et de l'émeraude. — C'est tout un poëme, et un poëme sans taches.

Mais, pour revenir à ce que je disais en commençant, toute la science de l'harmonie ne consiste pas uniquement dans l'heureux choix des couleurs et leur égale répartition; il faut savoir encore selon quelles lois elles doivent se trouver juxtaposées.

Ainsi, dans les vitraux à grandes figures, il n'est pas indifférent que le peintre choisisse telles couleurs, plutôt que d'autres, pour les vêtements de ses personnages. D'abord, il y en a quelques-uns dont le costume est indiqué par une tradition qu'on doit toujours respecter. Ainsi, le bleu et le pourpre, ou le violet, sont les couleurs traditionnelles adoptées pour les vêtements de Notre-Seigneur, de même que le rouge, le bleu et un voile blanc, pour ceux de la sainte Vierge. Quelques artistes du moyen âge ont même affecté de donner aux habits des saints, la couleur des ornements dont l'Église se sert pour la célébration de leur fête. Cela me paraît exagéré, et, sauf le petit nombre de cas où la tradition fait loi, je pense que le peintre, dans le choix des couleurs, doit consulter surtout l'effet qui peut résulter de leur contraste. C'est encore là un art que les peintres sur verre du treizième siècle possédaient au suprême degré.

Cet art, aujourd'hui, se trouve en quelque sorte passé à l'état de science, par suite des découvertes d'un illustre savant contemporain. C'est dans l'ouvrage si justement célèbre de M. Chevreul que les peintres verriers doivent étudier théoriquement *la loi du contraste simultané des couleurs*.

Les œuvres de leurs devanciers leur offrent également, à cet égard, des enseignements pratiques qu'ils auraient tort de négliger. J'en ai fait, pour ma part, l'objet de quelques observations que je vais chercher à résumer ici.

Chacun a pu remarquer, par exemple, que le jaune, employé sans ménagements et sans intermédiaires dans le voisinage du bleu, donne à celui-ci une teinte verdâtre qui en change toute la valeur (1).

De même, le vert et le jaune entremêlés crûment, sans autres nuances accessoires, produisent un effet désagréable à l'œil, et qui altère sensiblement la pureté des tons verts, Le voisinage du rouge tend, au contraire, à faire valoir ces derniers.

(1) Quelques travaux neufs exécutés à Saint-Denis, dans ces dernières années, m'ont fourni la matière d'une observation plus difficile à expliquer. Il s'agissait de reproduire l'écu de France, d'azur aux fleurs de lis d'or. Dans les anciens vitraux, les fleurs de lis sont de verre jaune réchampi de noir, et toujours cerclés d'un plomb. L'artiste moderne préféra employer une seule pièce de verre bleu doublé, dont il pût enlever la couleur par place, pour la réchampir de jaune appliqué au pinceau. Bien que le jaune fût d'un ton un peu chaud, l'effet produit n'avait rien de trop choquant à voir de près. Mais lorsque le vitrail fut mis en place, à une grande hauteur, la valeur relative des tons changea à un tel point, que les fleurs de lis étaient complétement roses. D'où je conclus qu'en pareil cas le noir est un intermédiaire indispensable.

Près du bleu, et surtout lorsqu'il se trouve entremêlé avec lui, le rouge a pour résultat un ton violet, beaucoup trop cru s'il n'est rompu par quelques points d'une autre couleur. Le blanc convient particulièrement pour cet usage. — Ainsi, prenons pour type le réticulaire primitif qui sert si souvent de fond aux vitres légendaires. Il est ordinairement rouge, sur bleu ; mais pour que l'harmonie en soit complétement satisfaisante, il faut qu'un petit point blanc marque l'intersection de chacune des bandes du réticulaire.

Les jaunes jouent un moins grand rôle dans les verrières du style primitif que dans celles d'un goût plus moderne, où ils sont employés surtout comme couleur d'application. Mais alors l'inconvénient qu'ils présentent est leur extrême susceptibilité au feu, d'où ils sortent souvent avec une nuance tout autre que celle que le peintre aurait voulu leur donner.

Dans le choix des verres, aussi bien que dans l'application des couleurs à la main, on ne saurait trop éviter l'abus des tons orangés, dont l'effet, dans un vitrail, est rarement satisfaisant. Comme couleur intrinsèque du verre, il faut les réserver pour l'ornement des kiosques ou les lanternes d'omnibus.

Comme couleur d'application, il faut s'en montrer également fort avare, et ne les employer que pour les ombres des orfrois, et autres ornements auxquels on veut donner beaucoup de relief.

En thèse générale, les jaunes de la peinture sur verre doivent être assez clairs, très-purs, et toujours exempts de tons verdâtres et de teintes orangées.

Quant aux violets, il y en a de toutes nuances, depuis le lilas le plus tendre jusqu'au pourpre le plus chaudement coloré, jusqu'aux nuances très-intenses qui rappellent celles de la fleur de pensée. Ces beaux violets sont une conquête de la chimie, qui en a enrichi la palette du peintre verrier à une époque relativement peu reculée. Ils offrent au peintre de grandes ressources, et par leur couleur propre, et par leur extrême variété.

Je viens de passer en revue les couleurs fondamentales de la peinture sur verre, celles qui entrent, avec leurs nuances diverses, dans la composition même du verre. C'est ensuite au moyen des couleurs d'application qu'on leur donne le modelé indiqué par le dessin. Pour cela, des ombres brunes ou noirâtres suffisent à peu près. Mais la peinture d'application a un rôle plus important et plus varié à remplir dans les parties claires, telles que les chairs, les accessoires et les fonds.

Je ne parle pas des ciels. Comme ils offrent souvent une surface fort étendue, on emploie ordinairement, pour les représenter, des vers bleus teints dans la masse. Quelques peintres de la renaissance, profitant habilement des lignes transversales qui peuvent couper les parties de ciel, ont eu soin d'en dégrader la nuance, depuis le bleu très-vif de la partie supérieure, jusqu'à des tons très-pâles et très-vaporeux, appliqués au pinceau dans la partie qui touche à l'horizon.

Dans les vitres de la même époque, où l'on rencontre des fonds de paysages, les derniers plans sont toujours d'un ton bleuâtre ou violacé qui concourt très-harmonieusement aux effets de la perspective. Toutes ces parties sont peintes à la main, et il ne saurait en être autrement.

Il en est de même encore des parties d'architecture. Celles-ci, en général, sont rendues par un mélange de grisaille et de tons jaunes. Le jaune y est particulièrement réservé aux ornements, tels qu'arabesques, filets unis ou perlés, torsades, pinacles, feuilles d'acanthe ou de choux, encadrements, corniches, etc., etc.

Souvent aussi, dans les anciens vitraux, le jaune est employé à peindre les cheveux des personnages. Cela ne veut pas dire qu'on ait toujours, par là, voulu représenter des blonds. Mais le fait est qu'alors, dans les verrières les plus richement colorées, les têtes n'étaient guère que de véritables camaïeux plus ou moins chaudement colorés, et souvent même de simples grisailles, qu'on cherchait à relever par un peu de jaune. — Vaut-il mieux les peindre comme dans un tableau ordinaire, et donner aux carnations leur couleur absolument naturelle? — J'en doute fort, et les essais modernes n'ont rien qui doive le faire penser. Si la pure grisaille a quelque chose de trop froid pour les figures, au moins faut-il, je crois, s'en tenir, dans la grande décoration, à des tons de camaïeux légèrement colorés, qui rendent les têtes plus lumineuses, et en font ressortir l'expression beaucoup mieux que ne pourrait le faire une peinture plus couverte et plus opaque.

DES GRISAILLES.

Ce qui précède m'amène tout naturellement à parler des grisailles, dont je n'ai encore rien dit.

La grisaille, il faut en convenir, pourrait être appelée un genre bâtard. L'effet en est bien pauvre, l'harmonie en est bien effacée à côté de ces splendides verrières, où rayonnent si magnifiquement toutes les couleurs du prisme. C'est froid comme une simple gravure, comme un dessin, comparés aux œuvres des plus célèbres coloristes.

Et pourtant, dans certains cas, la grisaille peut seule convenir.

Sans doute, dans la grande décoration rien ne peut égaler l'effet de verrières richement colorées; mais il faut convenir aussi que celles-ci obscurcissent considérablement l'intérieur des églises.

Certains lieux, tels que les salles capitulaires, les sacristies, les chapelles où l'on fait le catéchisme, ont besoin de conserver une suffisante clarté. Les habitudes de notre époque réclament aussi les avantages d'un beau jour pour les palais et les maisons particulières.

En pareil cas, les grisailles sont une précieuse ressource, puisqu'elles contribuent encore à l'élégance de la décoration, sans pourtant nuire sensiblement à la clarté des édifices.

Il faut distinguer, dans les grisailles, deux genres bien différents.

Les unes, se rapprochant beaucoup des verrières ordinaires, sauf en ce qui touche la couleur, comprennent toute espèce de sujets, depuis la figure isolée jusqu'aux sujets les plus compliqués, jusqu'aux compositions légendaires.

Les autres, d'une exécution beaucoup plus facile et bien moins dispendieuse, se composent de simples ornements, auxquels on donne le nom de *lacis* ou *entrelacs*.

Occupons-nous d'abord des premières.

1° *Grisailles à figures.*

La grisaille, convenablement exécutée, a son charme, tout aussi bien que les peintures d'un autre genre. Seulement, elle exige une exécution d'autant plus satisfaisante, qu'elle possède moins d'autres ressources pour plaire aux yeux, et qu'elle est généralement destinée à être vue de près. Il en existe de trois sortes :

Les premières, grisailles absolues, n'admettent le mélange d'aucune autre couleur.

Les secondes admettent seulement le jaune dans l'ornementation.

Les dernières enfin, qui méritent plutôt le nom de *camaïeux*, comportent un certain mélange de nuances diverses, mais toutes empruntées à la même gamme de couleurs.

Grisailles monochromes.

Alors même que la grisaille exclut tout mélange d'une couleur différente, elle peut varier encore par sa propre nuance.

Il y en a dont le gris, uniquement composé de toutes les dégradations du noir au blanc, n'est modifié, dans aucune de ses parties, par l'adjonction des couleurs qui s'en rapprochent. Leur aspect est ordinairement assez triste et assez froid.

D'autres, au contraire, admettent, dans les tons gris, un mélange de couleur brune ou roussâtre, qui a l'avantage, pour les figures, de se rapprocher davantage de la teinte naturelle, et, pour l'ensemble de la composition, de lui donner un aspect moins froid et plus harmonieux.

Le mieux, je crois, est d'observer, pour le ton de la grisaille, une moyenne entre le gris absolu et les nuances rougeâtres trop prononcées, dont l'effet est aussi désagréable. Un gris brun, résultant du mélange à peu près égal de ces deux couleurs, me paraît être la nuance la mieux appropriée à ce genre de grisaille. Bernard de Palissy nous en a laissé de délicieux exemples dans la suite des amours de Psyché, qu'il a peints pour le château d'Écouen.

Grisailles mélangées de jaune.

Dans la plupart des anciennes grisailles, la monotonie des tons gris est relevée par l'emploi du jaune pour les parties d'ornement. Ce mélange est d'un heureux effet, et me paraît bon à imiter dans les vitraux modernes. Mais c'est là particulièrement qu'on doit soigner la nuance du jaune ; car s'il était trop foncé, ou tirant vers le roux, il ne trancherait plus convenablement sur le reste du tableau, et manquerait son effet.

De même, lorsqu'on emploie du jaune pour les ornements, le ton général de la grisaille doit être plus froid, plus franchement gris, que dans les grisailles monochromes.

Souvent, dans les petits vitraux, on observe que le jaune est appliqué sur la face extérieure du verre, ce qui a pour objet de le fondre davantage dans le ton général du tableau.

Les artistes anciens n'ont pas craint, dans certains cas, de colorer en bleu le ciel qui sert de fond à une grisaille. C'est une hardiesse qui leur a réussi assez bien pour qu'on puisse l'imiter ; seulement, il y a, pour cela, deux conditions dont il faut tenir compte. D'abord la nuance du bleu employé dans ces cas-là doit être plus claire, moins intense que dans un vitrail polychrome. Ensuite on doit, autant que possible, couper le fond par des lignes d'architecture et d'autres accessoires, de manière à ce que le bleu n'occupe pas une trop large surface.

Camaïeux.

Rigoureusement parlant, on ne devrait appeler camaïeux que des tableaux peints d'une seule couleur, variée seulement par les effets d'ombre et de lumière, et jouant, par conséquent, le même rôle que le gris dans la grisaille. Mais, par extension, on donne aussi ce nom à des peintures dans lesquelles entrent deux ou trois couleurs différentes, pourvu que ce soient toujours des couleurs de convention, n'ayant point pour objet d'imiter celles de la nature.

Le premier de ces genres de camaïeux n'a guère jamais eu d'application dans la peinture sur verre. L'autre en a eu fort peu, et seulement dans les époques de décadence.

C'est, en effet, un genre mixte, irrationnel, et qui n'a pas de raison d'être. Trop peu coloré pour lutter d'harmonie avec les vitraux peints, déjà il s'éloigne assez des conditions de la grisaille, pour ne plus satisfaire aux mêmes besoins. Aucun avantage réel ne vient racheter les inconvénients de son invraisemblance, et ce n'est certainement pas le mélange blafard de quelques tons faux et douteux, appliqués au pinceau, qui peut contribuer à lui donner un charme quelconque.

Il vaut donc mieux s'en tenir aux grisailles tout unies, ou simplement relevées de jaune.

2° *Lacis et entrelacs.*

Je ne connais pas de figures en grisaille antérieures au quatorzième siècle. Le peu qu'on en pouvait citer jadis ne sont point parvenues jusqu'à nous. Mais, en revanche, le treizième siècle et le suivant nous ont laissé en abondance des grisailles d'une tout autre nature, qui se composent exclusivement de dessins d'ornements.

Ce sont des entrelacs ou *lacis* ingénieusement combinés et toujours symétriques, dont le contour est indiqué tantôt par un trait noir, tantôt par les plombs eux-mêmes.

Pour détacher plus nettement du fond les listels qui serpentent à sa surface, on charge le fond d'une couche de gris plus opaque, ou bien de hachures très-fines, croisées à angle droit, qui disparaissent à distance, et présentent également l'aspect d'un gris foncé.

Parmi les grisailles de cette espèce, on en voit un bon nombre sans aucun mélange d'autres couleurs.

Cependant, le plus souvent, les anciens peintres verriers aimaient à en relever la monotonie par quelques ornements colorés, tels que des blasons, des rosaces, ou bien même en employant du verre de diverses couleurs pour les principaux listels qui forment, en quelque sorte, la membrure du dessin.

Dans l'un et l'autre cas, on trouve toujours ces verrières entourées d'une bordure polychrome dans le style de l'époque.

Il est certain à mes yeux que le mélange de quelques parties colorées, adroitement jetées dans le dessin de la grisaille, en change complétement l'effet et en relève la valeur décorative, sans augmenter sensiblement le prix de revient. A notre époque, où les églises possèdent, en général, si peu de ressources, ce genre de verrières, toujours bien préférable aux vitres blanches, est donc susceptible d'un grand nombre d'applications.

Assez souvent, autrefois, on introduisait quelques panneaux, quelques sujets à figures peintes, au milieu de ces grisailles d'ornements. Ce mélange peut produire des résultats satisfaisants; mais, pour cela, il faut d'abord que les couleurs des parties peintes soient rappelées dans l'ornementation de la bordure ou du fond. Il faut ensuite que les sujets soient eux-mêmes renfermés dans un cadre ou médaillon à fond de couleur. Lorsqu'on les applique directement sur un fond gris orné, les figures se détachent mal, deviennent confuses et produisent un misérable effet, ainsi qu'on peut s'en assurer par l'exemple même de quelques vitraux anciens.

Le verre de la grisaille ne doit jamais être trop blanc, et c'est surtout dans les grisailles chargées de simples ornements qu'on doit rechercher les tons verdâtres, si propres à harmoniser l'effet d'ensemble, en atténuant convenablement l'éclat trop vif de la lumière. A cette occasion, je ne puis qu'insister sur ce que j'ai déjà dit relativement aux inconvénients de la trop grande pureté des verres.

XI.

DE LA COUVERTE.

L'harmonie d'une verrière ne dépend pas seulement de la bonne qualité et de l'heureuse combinaison des couleurs; les conditions de lumière y sont pour beaucoup, et, sous ce rapport, la position de la verrière influe considérablement sur l'effet qu'elle peut produire.

S'il s'agit d'éclairer une chapelle basse adossée à une ruelle obscure, ou enterrée derrière de grandes maisons, c'est à peine si le peintre, avec si peu de jour, pourra donner à son vitrail un éclat suffisant.

Au contraire, si c'est à la naissance des voûtes et dans une baie largement ouverte que la verrière doit être placée, l'éclat du jour y est quelquefois tel que l'harmonie est rompue par ce torrent de lumière.

D'autre part, si la transparence du verre a peu d'inconvénients pour un vitrail à travers lequel on ne peut distinguer que le ciel, cette transparence distrait l'œil, tue l'effet et prête au ridicule, lorsqu'à travers une sainte composition, l'œil distrait aperçoit tout ce qui se passe dans la rue voisine ou dans la maison d'en face.

Il y a donc des cas de diverses natures où il est fort important d'atténuer la transparence du verre. Bien que ce défaut se fasse moins sentir lorsqu'on a soin de choisir des verres de qualités convenables et de couleurs suffisamment intenses; bien qu'il ne soit vraiment sensible que dans les parties où le verre reste à nu, on est forcé parfois de recourir à des moyens artificiels pour amortir l'éclat du jour, ou dérober à la vue les objets extérieurs. Tel est l'objet de la *couverte*.

Si je prétendais dire en quoi cette couverte doit consister, ce serait me hasarder, hors de mon plan, dans un détail technique des plus controversés par les artistes praticiens eux-mêmes. Je dois donc me borner à consigner ici ce qui résulte pour moi d'assez nombreuses observations.

Les anciens vitraux ont généralement une sorte de patine qui leur donne sur les nôtres une grande supériorité.

Cette patine est-elle uniquement l'effet du temps, ou celui d'un procédé artificiel ?

Je crois qu'il y a de l'un et de l'autre.

Sans doute, l'action des agents atmosphériques sur des verres de la nature des verres anciens doit, avec l'aide du temps, altérer la surface lisse de ces derniers, et, par là, modifier l'action des rayons solaires qui traversent le vitrail.

Mais il est bien certain aussi que, dans certains vitraux anciens, on retrouve encore la trace d'une couche de peinture à peu près incolore, destinée à amortir la transparence du verre (1).

Maintenant, parmi les peintres modernes, les avis sont assez partagés sur la valeur de la couverte, et sur l'usage qui doit en être fait.

(1) On peut lire, à ce sujet, l'intéressant travail de M. Bertrand, que je cite plus loin.

Les uns, hardis coloristes, se fient à la puissance de tons des verres qu'ils emploient et à l'habileté de leur pinceau (dont ils abusent trop souvent), pour maintenir leurs œuvres dans les conditions de translucidité les plus convenables.

Les autres, plus épris d'un succès présent que d'une réussite lointaine dépendant en partie de l'action des années, abordent franchement la question, et, pour faire eux-mêmes à leurs vitraux la part de lumière qu'ils trouvent la mieux appropriée, les enduisent extérieurement d'une couverte vitrifiable.

Entre ces deux extrêmes, il y a des hommes à l'esprit moins absolu qui ont cherché à combiner l'effet présent avec l'action probable de l'avenir. Dans ce but, ils appliquent simplement sur le verre une couche de couleur claire non vitrifiable, quelquefois au miel, et parfois même délayée à la gomme, de telle sorte que la destruction progressive de cet enduit coïncide avec l'action du temps, qui encrasse toujours, corrode souvent les vieux vitraux, et atténue leur transparence.

C'est là une question de *métier*, sur laquelle je n'oserais me prononcer d'une manière positive, placé que je suis entre les opinions divergentes d'hommes très-compétents. Cependant, j'avoue que les couvertes vitrifiées m'inspirent toujours quelques appréhensions, et j'engagerais volontiers les artistes à n'y recourir que dans les cas où la nécessité leur en paraît bien démontrée.

XII.

DE LA MISE EN PLOMB ET DE LA MONTURE.

Ce ne sont pas, bien entendu, les procédés de la mise en plomb que je prétends décrire. Je laisse de côté, ici comme ailleurs, tout ce qui tient *au métier*, à la partie mécanique de l'art : les procédés en sont décrits, mieux que je ne pourrais le faire, dans d'autres ouvrages, auxquels je renvoie ceux qui veulent savoir comment on fabrique les plombs, comment on les soude, de quelle façon on enchâsse chaque morceau de verre entre leurs *ailes*, etc., etc.

Quant à moi, je désire seulement appeler l'attention des artistes sur la manière dont les plombs doivent être placés pour venir en aide à la peinture, au lieu de lui nuire, comme cela n'arrive que trop souvent.

Je dirai ensuite quelques mots sur l'armature générale des fenêtres.

1° DES PLOMBS.

La place la plus naturelle des plombs est au contour extérieur des objets ou des figures.

C'est là une règle facile à appliquer lorsqu'il s'agit de vitraux-mosaïques dans le genre de ceux du treizième siècle, où chaque figure, bien détachée de tout ce qui l'environne, se découpe en silhouette sur un plan uniforme. Mais il faut plus d'art pour placer le trait de plomb dans les grandes compositions d'un style plus perfectionné, où l'harmonie et l'effet de perspective s'obtiennent par une habile dégradation des tons.

L'opacité des plombs peut, en effet, contribuer également à doubler l'énergie des parties sombres, ou à compromettre l'éclat des parties lumineuses.

Pour les têtes, il y a un principe assez facile à établir: c'est qu'une tête, autant que possible et quelle que soit sa dimension, doit être d'une seule pièce, sans coupures. Si elle est accompagnée d'un voile ou de quelque draperie de couleur claire, ce voile ou cette draperie peuvent être peints sur la même pièce de verre, enchâssés dans le même plomb, pourvu, toutefois, que la dimension n'en soit pas trop grande. Cela serait également admissible pour une main sur laquelle serait appuyée la tête. Enfin, l'on en voit des exemples pour deux têtes juxtaposées; mais cela n'est guère applicable que pour des figures peu importantes, et placées sur le second plan; à moins encore que l'action (telle qu'un baiser, par exemple) ne rende presque impossible de séparer les deux visages.

Pour les parties de vêtements, les règles sont moins faciles à établir. Il y a telle robe ou tel manteau qui présente parfois une surface monochrome très-étendue. On ne saurait, dans ce cas, songer à la faire d'un seul morceau. L'adresse du compositeur consiste alors à couper cette pièce de la manière la moins apparente. Pour cela, il doit d'abord mettre à profit les détails des vêtements, tels que les ceintures, les écharpes, les poignets, les manches, les collets, les bordures, et les ouvertures de tout genre.

Lorsqu'on n'a pas les ressources que je viens d'énumérer, on peut encore faire glisser le plomb dans les plis des étoffes, en ayant soin, toutefois, de choisir de préférence ceux qui se trouvent le plus dans l'ombre.

Les peintres modernes ont souvent essayé de marquer par des plombs le dessin des étoffes. J'ai déjà combattu cette tendance en parlant des étoffes damassées ; mais, en revanche, un peu plus loin, j'ai dû faire remarquer combien était utile l'emploi des plombs dans les armoiries, pour détacher les pièces du champ de l'écu, et conserver à chaque émail toute la pureté de sa nuance. Cette dernière observation ne s'applique, bien entendu, qu'à la décoration monumentale, et nullement aux vitraux suisses, dont la finesse et les petites dimensions excluent l'emploi du plomb pour les détails.

Quant aux parties d'architecture, la place des plombs y est indiquée, jusqu'à un certain point, par le dessin lui-même. Ils doivent en accuser nettement le profil et en suivre les lignes principales, auxquelles on donne par là beaucoup de netteté et de relief. Ici encore, toutes les fois que c'est possible, il vaut mieux placer les plombs du côté de l'ombre que du côté frappé par la lumière.

Lorsque le ciel, comme dans les grandes compositions, ou derrière de grandes figures isolées, présente une trop large surface pour être fait d'un seul morceau, on est obligé de le couper par des plombs que rien, dans ce cas, ne dissimule. On peut alors le diviser par plusieurs lignes horizontales, qui coïncident avec les tringles de l'armature, et se cachent, en quelque sorte, derrière elle ; mais l'œil s'accommode moins de lignes verticales qui, venant couper les premières à angle droit, divisent la fenêtre en une multitude de petits carrés. Ce genre de monture a été fort usité aux époques de décadence, particulièrement en Flandre et en Hollande. Mais il est loin d'être avantageux, et il faut bien se garder de l'imiter. Quelques traits de plombs poussés irrégulièrement et presque au hasard entre les lignes horizontales, sont, dans tous les cas, d'un effet beaucoup moins désagréable. C'est donc le seul parti à prendre lorsque l'étendue des fonds exige de nombreuses coupures.

C'est particulièrement dans les grisailles que la disposition des plombs réclame beaucoup de soin et d'intelligence. On ne peut jamais les y dissimuler aussi complétement que dans un vitrail de couleur. Tout l'art du peintre ne saurait dépouiller de ce qu'il a de dur et de désagréable à l'œil, le contraste de ces traits noirs et opaques avec la teinte si pâle d'une grisaille, où la transparence du verre est à peine atténuée.

Dès que le tableau atteint une certaine dimension, il faut bien que le contour des principales figures soit accusé par des plombs. Le peintre doit chercher à disposer ceux-ci de manière à faire ressortir les masses, et indiquer le mouvement général de chaque figure. Quant au reste des plombs, c'est dans l'ombre des vêtements ou dans celle de l'architecture qu'il trouvera le moyen de les dissimuler le mieux possible.

Le peintre verrier, dans la disposition des coupures, doit toujours prendre en considération les difficultés pratiques de la mise en plomb. Quoique nous ayons de fort habiles ouvriers, capables d'exécuter des tours de force en ce genre, il faut éviter, autant que possible, de leur créer des difficultés inutiles, dont le moindre inconvénient est de rendre leur travail beaucoup plus dispendieux.

Les pièces qui présentent de nombreuses anfractuosités sont toujours plus difficiles à monter, à moins que les plombs des pièces voisines ne viennent converger au sommet des angles les plus saillants. Sous ce rapport, le vitrier chargé de la mise en plomb est le plus capable de donner de bonnes indications au peintre.

2° DE L'ARMATURE.

L'armature d'une verrière se compose d'un certain nombre de barres de fer destinées à lui donner une solidité qu'elle ne saurait trouver dans une matière aussi peu résistante que le plomb.

Lorsqu'il s'agit d'une fenêtre à meneaux, un très-petit nombre de barres transversales peuvent suffire. Mais, dans les grandes fenêtres modernes à une seule baie, d'autres barres verticales ou cintrées dans le haut, parallèlement au cintre de la fenêtre, sont nécessaires pour compléter l'armature et remplacer les meneaux.

Dans l'un et l'autre cas, on place, entre chaque barre, de petites tringles de fer qui se lient au vitrail par des attaches en plomb, et servent ainsi à le consolider.

Tout cela, me dira-t-on, sont des détails techniques qui concernent beaucoup plus le forgeron et le monteur que le peintre verrier. Aussi me serais-je abstenu de traiter une matière étrangère en apparence à mon sujet, si je n'étais convaincu qu'elle s'y rattache sous d'autres rapports.

Il est facile, en effet, de se convaincre que la forme de l'armature peut influer sensiblement sur l'aspect général d'une verrière.

On remarque très-peu de variété dans la monture des anciens vitraux ; le système est presque partout le même.

Ce sont de fortes barres de fer carrées, posées horizontalement à la distance d'un mètre environ les unes des autres, et, entre chaque barre de fer, deux ou trois tringles placées à égale distance.

Ce système ne varie guère que dans les vitres légendaires de style primitif, où les barres de fer, artistement contournées, dessinent la forme de chaque médaillon, dont leur opacité fait encore ressortir l'éclat. Quelquefois même une barre verticale encadre les bordures.

Depuis que la peinture sur verre a repris faveur parmi nous, on a tenté beaucoup d'essais pour modifier et (comme on en avait la prétention) pour *améliorer* le système des armatures.

Aux barres de fer carrées, on a voulu substituer des armatures posées de champ, et forgées de façon à recevoir les panneaux du vitrail dans des feuillures préparées à cet effet ; ce qui n'enlève rien à la solidité de la monture, et lui donne certainement un aspect plus léger.

Au lieu de réduire l'armature à un système de grandes lignes horizontales, équidistantes et parallèles, on a cherché à perdre la monture en fer dans les traits du dessin, comme il est d'usage de le faire pour les plombs.

Cette double innovation présente deux genres d'inconvénients.

D'abord, l'armature posée de champ, faisant une saillie plus forte par rapport au vitrail, projette nécessairement, dès que la lumière arrive de côté, des ombres beaucoup plus larges, et d'autant plus choquantes à l'œil, qu'elles ne sont pas en rapport avec l'épaisseur apparente des pièces de la monture.

Quant au second point, les artifices employés pour dissimuler l'armature sont loin de produire l'effet qu'on s'en propose. Quelque légères que soient les tiges de fer, elles ont toujours, et par leur volume et surtout par leur saillie, un aspect très-différent de celui des plombs, avec lesquels on voudrait, en quelque sorte, les confondre. L'œil est frappé de cette différence que rien n'explique, et l'on se demande, avant de s'en rendre compte, pourquoi tel contour est si lourdement accusé, en comparaison de tel autre placé sur le même plan et dans les mêmes conditions de lumière.

Le plus sage est donc, selon moi, de s'en tenir à la méthode de nos pères. L'expérience prouve assez qu'elle n'a rien qui choque l'œil.

Au commencement de ce siècle, on avait cru aussi perfectionner beaucoup la peinture sur verre en supprimant les plombs. Mais bientôt on s'aperçut que c'était un élément nécessaire de ce genre de peinture.

Sans doute, l'armature en fer ne contribue pas également à l'harmonie d'un vitrail; mais elle est indispensable à sa solidité, et, moins on met d'artifice à la dissimuler, moins l'œil s'en préoccupe.

Je conseillerai donc toujours, de préférence, la vieille méthode classique qui n'admet que des barres horizontales, sauf le cas des vitres légendaires mosaïques, et celui des grandes fenêtres sans meneaux. Seulement, il faut avoir bien soin que ces barres soient également distantes entre elles. J'ai déjà donné un mètre comme le terme moyen de leur écartement. Le parallélogramme contenu entre chaque barre doit ensuite être partagé en trois ou quatre parties égales par des tringles également horizontales.

La régularité de cet appareil est le véritable motif pour lequel il attire les regards moins qu'un autre, et distrait moins l'attention du sujet représenté sur la verrière.

Cependant, il y a des cas où il faut bien se départir un peu de cette régularité. Que les barres et les tringles passent à travers les figures et les accessoires, cela n'a pas un grand inconvénient; mais, au moins, faut-il toujours que les têtes soient ménagées. L'artiste, qui doit prévoir à l'avance les exigences de son cadre, peut, en général, disposer ses personnages de manière à éviter cette difficulté. Cependant, dans un petit nombre de cas exceptionnels, et lorsque les données de la composition le rendent nécessaire, on peut, non point changer la place de la barre (ce qui romprait la symétrie), mais bien la contourner au-dessus ou au-dessous de la tête qu'on veut ménager.

Cela se fait, à plus forte raison pour les tringles, dont l'importance est beaucoup moindre. Jamais elles ne doivent passer sur une figure. Mais on peut les contourner comme les barres de fer, et les écarter plus ou moins entre elles, ou même en supprimer une tout à fait, si la nature du sujet l'exige.

Dans les petites baies irrégulières qui s'ouvrent au sommet des fenêtres, les tringles peuvent être placées plus ou moins obliquement.

Quant aux *roses*, la forme circulaire de leur architecture entraîne nécessairement un genre de monture particulier, où toutes les lignes horizontales sont remplacées par des lignes concentriques affectant des formes circulaires ou polygonales.

APPENDICES.

APPENDICES.

En cherchant à poser, dans cet ouvrage, les premiers éléments d'une théorie de la peinture sur verre, j'ai dû effleurer, sans pouvoir les approfondir, une foule de sujets qui se rattachent plus ou moins directement à la pratique de cet art. Je ne puis mieux racheter les imperfections de mon œuvre, qu'en indiquant les sources où je me suis instruit moi-même, et où chacun pourra puiser comme je l'ai fait.

Au point de vue théorique, l'étude d'un art comprend deux éléments principaux : les livres et les monuments. Beaucoup lire et beaucoup voir m'ont toujours semblé les meilleurs moyens d'apprendre. A ceux qui pensent comme moi, je crois donc rendre service, en leur indiquant,

1° Quels sont les livres que je crois les plus propres à les diriger sûrement dans leurs travaux ou leurs recherches ;

2° Quels sont les monuments où ils peuvent trouver les meilleurs spécimens en tout genre.

Sous le titre de *Bibliothèque du peintre verrier*, je donne la liste complète de tous les ouvrages de quelque valeur qui ont été publiés jusqu'ici sur la peinture sur verre et la vitrerie, et j'y joins l'indication sommaire d'un certain nombre de livres sur l'architecture, les costumes, les attributs, etc., lesquels pourront toujours être consultés avec fruit par les artistes chargés de composer des vitraux.

Comme second appendice, je place à la fin de cet ouvrage la liste des vitraux les plus célèbres, qui peuvent être considérés comme les types de la peinture sur verre à ses diverses époques et dans ses différentes manières. S'il est vrai que les œuvres des anciens verriers contiennent les enseignements les plus utiles pour leurs continuateurs, ceux-ci me sauront gré, j'espère, de leur épargner un peu de peine et de temps, en leur disant d'avance où ils pourront trouver les bons modèles.

Quelques-uns de ces ouvrages, quelques uns de ces monuments ne sont pas aussi connus qu'ils devraient l'être ; je serais heureux de pouvoir en révéler l'existence aux bibliophiles, aux artistes, et à tous les hommes studieux.

I.

BIBLIOTHÈQUE DU PEINTRE VERRIER,

OU

CATALOGUE DES PRINCIPAUX OUVRAGES QUE PEUVENT CONSULTER AVEC FRUIT LES PERSONNES QUI VEULENT PRATIQUER LA PEINTURE SUR VERRE OU EN ÉTUDIER L'HISTOIRE.

1.° OUVRAGES SPÉCIAUX SUR LA PRATIQUE OU L'HISTOIRE DE LA PEINTURE SUR VERRE.

THEOPHILI, *presbyteri et monachi diversarum artium schedula.*

L'ouvrage du moine Théophile, composé au plus tard dans le treizième siècle, est le traité le plus complet que nous ayons sur l'état des arts au moyen âge. Le livre II est consacré tout entier à la peinture sur verre.

Il existe cinq manuscrits de Théophile, savoir : deux à Cambridge, un à Wolfenbüttel, un à Leipzig, et un à la Bibliothèque de Paris.

Le savant Lessing a publié pour la première fois ce livre, d'après le manuscrit de Wolfenbüttel, avec une introduction de Christian Leiste. In-8°; Brunswick, 1781.

Presque en même temps, R. E. Raspe en insérait une

partie dans son ouvrage intitulé *An essay on oilpainting*. In-4° ; Londres, 1781.

Mais l'édition la plus complète et la plus précieuse à tous égards est celle qu'en a donnée M. le comte Charles de l'Escalopier. Cette édition, également remarquable par les notes qui l'accompagnent, par la savante introduction due à J.-Marie Guichard, et même par le luxe typographique, a été collationnée avec soin sur tous les manuscrits. Elle est accompagnée d'une traduction française fort exacte. 1 vol. in-4°, 1843.

NERI. *L'Arte vitraria, distinta in libri sette.*

Ce traité, qui a été souvent reproduit depuis, fut imprimé pour la première fois à Florence, en 1612. Un vol. in-4°. Deux autres éditions furent publiées à Venise : la première en 1663 ; 1 vol. in-12 ; — la dernière en 1678 ; 1 vol. in-8°.

MERRET a traduit en anglais l'ouvrage précédent, auquel il a joint des notes et une bonne préface contenant des recherches historiques sur le verre. In-8° ; Londres, 1662. Il en a fait aussi une traduction latine, dont on connait deux éditions in-12, publiées à Amsterdam en 1669 et 1686.

KUNCKEL. *Ars vitraria experimentatis, oder volkommene Glasmacherkunst.*

Cet ouvrage, écrit en allemand, est la traduction des deux qui précèdent, et contient en outre de nombreuses additions. Il a été publié en 1679, à Francfort et Leipzig. 1 volume in-4° avec figures.

(**D'HOLBACH**) *Art de la verrerie de Neri, Merret et Kunckel.*

Sous ce titre, et sans y mettre son nom, le baron d'Holbach a publié une traduction des trois ouvrages qui précèdent, en y joignant divers autres opuscules. In-4°, fig., Paris, 1752.

HAUDICQUER DE BLANCOURT. *De l'Art de la verrerie.*

Cet ouvrage a eu deux éditions in-12, publiées à Paris, la première en 1697, et la seconde en 1718.

ANDRÉ FÉLIBIEN. *Des Principes de l'architecture, de la sculpture et de la peinture.* In-4°, fig.; Paris, 1676.

Le chapitre XXI de cet ouvrage est entièrement consacré à la vitrerie et à la peinture sur verre. On y trouve particulièrement la description, accompagnée de planches, des principaux modes d'assemblage usités à cette époque pour le verre blanc.

BENNETON DE PERRIN. *Dissertation sur la verrerie.*

Ce travail a été publié dans le *Journal de Trévoux* du mois d'octobre 1733.

LEVIEIL. *L'Art de la peinture sur verre et de la vitrerie.* 1 vol. grand in-folio, accompagné de planches. — Paris, 1774.

Le livre de Levieil est l'ouvrage classique par excellence. Il se compose de trois parties, dont la première est consacrée à l'histoire de la peinture sur verre, la deuxième à la description de ses procédés, et la troisième à l'art de la vitrerie. — Dans la partie historique, Levieil a fait preuve d'une grande érudition, et, le premier, il a réuni dans un cadre étroit une foule de documents très-curieux, qui, sans lui peut-être, eussent été à jamais perdus. — Dans la partie technique, il a consigné avec exactitude toutes les recettes traditionnelles qu'il avait apprises de son père. — Quelques planches bien exécutées accompagnent cet ouvrage, qui a été publié dans le recueil de l'*Encyclopédie*.

LOYSEL. *Essai sur l'art de la verrerie.* In-8°; Paris, l'an 8.

LENOIR (ALEXANDRE). *Traité de la peinture sur verre.*

Cet opuscule a été publié en plusieurs éditions, à la suite de la *Description des monuments de sculpture réunis au Musée des monuments français* (1 vol. in-8°). — Le même volume contient aussi la description des anciens vitraux recueillis dans ce musée.

Alexandre Lenoir publia également, en 1815, des *Observations sur la peinture sur verre et sur différents procédés.* In-8° de 23 pages.

BASTENAIRE-DAUDENARE. *L'Art de la vitrification.* In-8°; Paris, 1825.

BRONGNIART. *Mémoire sur la peinture sur verre.* In-8°; Paris, 1829.

Ce travail, malheureusement trop succinct, est dû à l'un des hommes qui ont le plus fait pour tirer de l'oubli un art jadis si florissant. Comme directeur de la manufacture de Sèvres, M. Brongniart a rallumé en quelque sorte les fourneaux du peintre verrier; et si, depuis lui, on a mieux fait, il n'en serait pas moins injuste d'oublier ses utiles travaux et les services qu'il a rendus.

LANGLOIS (DU PONT-DE-L'ARCHE). *Essai historique et descriptif sur la peinture sur verre.* Rouen, 1832; 1 vol. in-8°, orné de 7 planches.

Cet excellent ouvrage est la seconde édition, très-considérablement augmentée, d'un travail publié dans les *Mémoires de la Société d'émulation de Rouen.*

Artiste et antiquaire distingué, Langlois est le premier qui ait envisagé la peinture sur verre au point de vue de la science archéologique. Son livre, rempli de légendes curieuses et d'ingénieux aperçus, est d'une lecture fort attachante. Les monuments de la Normandie y sont surtout décrits avec un soin minutieux et une grande exactitude.

THIBAUD (Émile). *De la Peinture sur verre ; Notice historique sur cet art, dans ses rapports avec la vitrification.* In-8° de 31 pages, avec une planche. Clermont, 1835.

Ce mémoire avait été lu, le 4 décembre 1835, à l'Académie de Clermont.

(Le même.) *Considérations historiques et critiques sur les vitraux anciens et modernes et sur la peinture sur verre.* 1 vol. in-8°, accompagné de 4 planches. Clermont, 1842.

THÉVENOT. *Recherches historiques sur la cathédrale de Clermont, suivies d'un plan de restauration de ses vitraux.* In-8° de 43 pages, accompagné de 2 planches. Clermont, 1836.

Ce mémoire avait été lu à l'Académie de Clermont le 4 février 1836. Son auteur, en collaboration avec M. Thibaud, venait d'achever la restauration fort remarquable de plusieurs vitres de la cathédrale. L'un et l'autre prirent occasion de là pour livrer à la publicité quelques observations sur l'art qu'ils pratiquaient tous deux avec succès. — Plus tard, et travaillant dès lors isolément, ils ont voulu, l'un et l'autre, traiter avec plus de détails les questions historiques et pratiques qui se rattachaient à l'objet de leurs travaux, ce qui donna lieu à un nouvel ouvrage de M. Thévenot, intitulé :

(Le même.) *Essai sur le vitrail*, ou *Observations historiques et critiques sur la peinture sur verre.* In-8°; Clermont, 1837.

LASTEYRIE (Ferdinand de). *Histoire de la Peinture sur verre, d'après ses monuments en France.* In-folio, accompagné de plus de cent planches coloriées à la main.

Je dois m'excuser ici de me citer moi-même. Sans doute je n'aurais pas osé le faire, si je n'y étais en quelque sorte obligé pour sauvegarder mes droits d'auteur. J'ai commencé ma publication en 1837. Depuis lors, on a bien voulu me faire quelques emprunts. Je remercie sincèrement ceux qui, en pareille circonstance, m'ont fait l'honneur de me citer; et, avec les autres, je crois prudent de prendre date, afin qu'ils ne m'accusent pas un jour de plagiat.

VIGNÉ. *Peinture sur verre.* In-8° de 51 pages. Paris, 1840.

M. Vigné était alors à la tête d'un atelier de peinture sur verre.

REBOULLEAU, DE THOIRES. *Nouveau Manuel complet de la peinture sur verre, sur porcelaine et sur émail.* In-12, fig.; Paris, 1843.

Cet ouvrage fait partie de la collection des *Manuels Roret.* Les questions techniques y sont traitées avec beaucoup de savoir et de méthode.

MEUNIER (J.-JOSEPH). *Notice sur la peinture sur verre ancienne, la fabrication des couleurs et la construction du four.* In-8° de 16 pages; Paris, 1843.

BATISSIER (L.). *Histoire du verre et des vitraux peints,* publiée en 1843 dans un recueil intitulé *Cabinet de l'amateur et de l'antiquaire.*

Ce travail est accompagné de 5 planches tirées de mon *Histoire de la peinture sur verre.*

BONTEMPS (G.). *Peinture sur verre au dix-neuvième siècle.* In-8° de 45 pages; Paris, 1845.

M. Bontemps a dirigé pendant longtemps avec succès la belle manufacture de Choisy-le-Roi. Personne n'est plus compétent que lui pour traiter les diverses questions techniques qui se rattachent à la peinture sur verre.

BERTRAND (E.). *Peinture sur verre.* Notice et rapport sur divers vitraux modernes exécutés à Troyes. In-8° de 49 pages; Troyes, 1845.

Ce travail, extrait des numéros 91, 92 et 93 des *Mémoires de la Société d'agriculture, sciences et arts du département de l'Aube*, renferme des recherches fort intéressantes sur la *couverte* des anciens vitraux.

BEAUPRÉ. *Les Gentilshommes verriers*, ou *Recherches sur l'industrie et les priviléges des verriers dans l'ancienne Lorraine.* In-8° de 49 pages; Nancy, 1847.

TEXIER (l'abbé). *Histoire de la peinture sur verre en Limousin.* In-8°; Paris, 1847.

Cet ouvrage, d'un savant antiquaire, jouit d'une réputation très-méritée. Il est accompagné de 6 planches, dont une représente un curieux vitrail allégorique que j'avais publié moi-même l'année précédente.

LASSUS ET DIDRON (MM.) ont publié, dans le premier volume des *Annales archéologiques*, plusieurs articles fort intéressants sur la peinture sur verre, à propos de l'exposition de l'industrie.

LAFAYE (Prosper), peintre verrier, a publié deux brochures in-4° sur la pratique de son art : l'une en 1849, au sujet des réparations à faire aux vitraux de Saint-Étienne du Mont, l'autre en 1851, à l'occasion de la grande exposition de Londres.

LAMI DE NOZAN. *De la Peinture sur verre. Que doit-elle être au dix-neuvième siècle?* In-4° de 30 pages; Toulouse, 1852.

Comme on le voit par ce titre, le sujet de la brochure de M. de Nozan soulève d'intéressantes questions de théorie. Il les a traitées en habile praticien et en homme de goût.

An Enquiry into the difference of style observable in ancient glass paintings, especially in England, with hints on glass painting, by an amateur (Recherches sur la différence des styles qu'on peut observer dans les anciens vitraux, avec un essai sur la peinture sur verre, par un amateur). Oxford, 1847, deux volumes in-8°, dont un de texte.

L'auteur anonyme de ce livre, M. Charles Winston, me pardonnera de restituer son nom à un ouvrage qui lui fait le plus grand honneur. Si la classification qu'il adopte n'est pas également applicable aux monuments des autres pays, elle se prête du moins très-bien à celle des monuments anglais, qu'on ne saurait étudier nulle part avec plus de fruit. — Les planches, au nombre de 75, ne représentent en général que des détails isolés ; mais ces détails sont choisis avec discernement et bien caractérisés.

WARRINGTON (W.). *The History of stained glass.* (Histoire des vitraux peints). Londres, 1848, 1 vol. in-folio, avec figures coloriées.

Le texte de cet ouvrage est fort intéressant. On regrette seulement que l'auteur, peintre sur verre distingué, ait reproduit exclusivement ses propres œuvres, au lieu des anciens vitraux, qui auraient pu servir d'éclaircissement au texte.

GESSERT. *Geschichte der Glasmalerei* (Histoire de la peinture sur verre en Allemagne, dans les Pays-Bas, en France, en Angleterre, en Suisse, en Italie et en Espagne). In-8°; Stuttgard et Tübingen, 1839.

Cet ouvrage est le plus complet qui existe, en ce sens qu'il embrasse l'histoire de la peinture sur verre dans tous les pays de l'Europe. L'auteur, homme d'une grande érudition, y a réuni une foule de documents inédits. La classification adoptée par lui pourrait seule être l'objet de quelques critiques; mais son livre n'en reste pas moins un des meilleurs qu'on ait écrits sur la peinture sur verre.

Le même. *Die Kunst auf Glas zu malen* (L'Art de peindre sur verre). In-8°; Stuttgard, 1842.

Cet ouvrage, justement estimé, a été traduit en anglais sous le titre de : *Rudimentary treatise on the art of painting on glass.* In-12 ; Londres, 1851.

FROMBERG (E.-O.). *Handbuch der Glasmalerei* (Manuel de la peinture sur verre). Quedlinburg et Leipzig, 1844 ; un volume in-12, avec deux planches.

Ce livre a été traduit en anglais, comme le précédent et dans la même forme, sous le titre de : *A Essay on the art of painting on glass.* In-12 ; Londres, 1851.

2. MONOGRAPHIES ET DESCRIPTIONS DE VITRAUX.

MARTIN (Arthur) et **CAHIER** (les RR. PP.). *Monographie de la cathédrale de Bourges, vitraux du* XIIIe *siècle.* Grand in-folio, accompagné de 33 planches lithographiées en couleur. Paris, 1841-44.

Dans ce cadre en apparence restreint, MM. Martin et Cahier ont traité, avec une prodigieuse érudition, les plus hautes questions d'archéologie chrétienne. Le soin apporté à cette publication, la beauté et l'exactitude de tous les dessins, et la valeur du texte qui les accompagne, en font un des plus beaux livres et un des meilleurs qui aient été publiés depuis longtemps.

DE LA SICOTIÈRE (Léon). *Notice sur les vitraux de l'église Notre-Dame d'Alençon.* In-8 de 15 pages; Caen, 1842.

G. LETTU. *Muséum sacré*, ou *Description de l'église métropolitaine d'Auch.* Grand in-folio.

Les célèbres vitraux de cette cathédrale y sont représentés au simple trait. Un seul exemplaire a été colorié. Il existe à la bibliothèque du Louvre.

BARTHÉLEMY (A. DE). *Lettre sur les anciens peintres verriers de Tréguier.* Paris, 1847, in-8 de 11 pages. (Extrait du *Bulletin monumental* de M. de Caumont.)

GUERBER (l'abbé V.). *Essai sur les vitraux de la cathédrale de Strasbourg.* In-8°; Strasbourg, 1848.

Cette monographie, très-consciencieuse, complète et rectifie, en beaucoup de points, les descriptions contenues dans les ouvrages de Schweighaüser, Grandidier, etc.

MARCHAND et les abbés **BOURASSÉ** et **MANCEAU**. *Verrières du chœur de l'église métropolitaine de Tours.* In-folio, avec planches en couleur; Tours, 1848.

Les beaux dessins qui accompagnent cet ouvrage sont dus à M. J. Marchand.

HUCHER (E.). *Études artistiques et archéologiques sur le vitrail de la rose de la cathédrale du Mans.* In-8° de 28 pages, avec figures dans le texte; Caen, 1848.

Ce travail est extrait du *Bulletin monumental* de M. de Caumont.

Déjà, en 1841, une brochure in-8°, sans nom d'auteur, avait été publiée au Mans, sous le titre de: *Restauration d'une verrière dans la cathédrale du Mans.*

BARRAUD (l'abbé). *Description des vitraux des deux grandes roses de la cathédrale de Beauvais.* In-8° de 24 pages, accompagné d'une planche; Beauvais, 1850.

CHARLES (L.). *Atelier de verriers à la Ferté Bernard, à la fin du* XVe *siècle et au* XVIe. In-8° de 40 pages; le Mans, 1851.

CAPRONNIER, DESCAMPS et **LE MAISTRE D'ANSTAING.** *Vitraux de la cathédrale de Tournay*. Grand in-folio, avec planches coloriées à la main, 1847.

OWEN C. CARTER. *A series of the ancient painted glass of Winchester cathedral* (Recueil des anciens vitraux peints de la cathédrale de Winchester). Londres, 1845; 1 vol. in-4°, avec planches coloriées.

HEDGELAND. *Description of the windows of S. Neot's church, Cornwall* (Description des verrières de l'église de S. Néot, en Cornouailles.)

WEALE (John). *Divers works of early Masters in christian decoration* (Œuvres diverses des maitres primitifs; décoration chrétienne). Londres, 1846; 2 vol. in-folio.

Cet ouvrage renferme un grand nombre de planches exécutées avec soin. Parmi les vitraux qu'elles représentent, on distingue la suite des célèbres verrières de Gouda (en Hollande), celles de Saint-Jacques de Liége, et quelques vitraux anglais.

EGGERT (François-X.). *Die Glasgemalde der neuerbauten Mariahilf-Kirche in der Vorstadt Au, in München* (Peintures sur verre de la nouvelle église Notre-Dame de Bon-Secours, au faubourg d'Au, à Munich). Grand in-folio, sept planches avec titre, dédicace et feuille d'assemblage.

Ces planches, admirables d'exécution, représentent sept grandes verrières modernes, peintes à la manufacture royale de Munich, d'après les cartons de MM. Schraudolf, Fisher, Ruben et Ainmiler, sous la direction de M. Henry Hess.

Les vitraux, exécutés par la même manufacture pour le

château de lord Beresford, dans le comté de Kent, sont, en ce moment, l'objet d'une publication spéciale.

Enfin, parmi les ouvrages où l'on trouve de nombreuses planches représentant des vitraux, je puis citer encore :

L'*Histoire et description de la cathédrale de Cologne*, par M. Boisserée, magnifique ouvrage in-folio, publié à Stuttgard et à Paris en 1823 ;

La *Monographie de l'église de Brou*, par MM. Dupasquier et Didron, in-4°, accompagné d'un atlas in-folio ; ouvrage en cours de publication ;

La collection des antiquités du comté de Gloucester (*A collection of Gloucestershire antiquitie*), par Samuel Lysons, in-folio, accompagné de 110 planches ; Londres, 1804 ;

Et la description des cathédrales d'York et de Cantorbéry (*An accurate description and history of the metropolitan and cathedral churhes of Cantorbury and York*), par Durts.

5. OUVRAGES DIVERS SUR LES ANTIQUITÉS DU MOYEN AGE.

MONTFAUCON (D. Bernard de). *Les Monuments de la monarchie française*. 5 vol. in-folio, accompagnés d'un grand nombre de planches ; Paris, 1729-33.

Cet ouvrage est classique ; il renferme des trésors d'érudition. Malheureusement les dessins qui l'accompagnent sont très-incorrects, et ne peuvent pas donner une juste idée des monuments qu'ils représentent.

WILLEMIN (N.-X.). *Monuments français inédits pour servir à l'histoire des arts*. In-folio ; Paris, 1839. 302 planches coloriées.

Le texte de ce beau et grand ouvrage est dû à M. André Pottier, bibliothécaire de la ville de Rouen ; les savantes recherches qu'il contient ajoutent un grand prix à la valeur des planches.

LABORDE (le comte Alexandre de). *Les Monuments de la France, classés chronologiquement.* In-folio, accompagné de beaucoup de planches ; Paris, 1816.

MILLIN (A.-L.). *Antiquités nationales*, ou *Recueil de monuments pour servir à l'histoire générale et particulière de l'empire français.* Paris, 1790-93, 5 vol. in-4°, ornés de 324 planches.

GAILHABAUD. *L'Architecture du Ve au XVIe siècles, et les arts qui en dépendent.*

Ouvrage en cours de publication, où l'on trouve plusieurs planches de vitraux.

Le Moyen Age et la Renaissance. Paris, 3 vol. in-4°, accompagnés de nombreuses planches coloriées.

Le texte de ce recueil, publié sous la direction de MM. Paul Lacroix et Ferdinand Serré, est dû à un grand nombre de savants et d'artistes distingués. On m'a fait l'honneur d'inscrire mon nom parmi les leurs; mais comme je n'ai jamais pris la moindre part à cette publication, rien ne m'empêche de la signaler comme une des plus intéressantes qu'on ait faites dans ces dernières années

STRUTT (J.). *The royal and ecclesiastical antiquities of England* (Antiquités royales et religieuses d'Angleterre).

La première édition de cet ouvrage justement célèbre a été publiée en 1773, in-4°. — Une nouvelle édition, accompagnée de notes par M. J.-B. Planché, a paru, dans le même format, à Londres, en 1842. Elle renferme 72 planches magnifiquement coloriées.

J. Strutt est également l'auteur d'un essai sur les mœurs,

les usages, etc., des habitants de la Grande-Bretagne, formant 2 volumes in-4°, dont la première édition parut en 1774, et une autre en 1797. Cet ouvrage a été traduit en français par M. Boulard, sous le titre de : *l'Angleterre ancienne*. 2 vol. in-4°; Paris, 1789. Le tome II contient 77 planches.

MÜLLER (F.-H.). *Beitrage sur teutscher Kunst und Geschichtkunde durch Kunstdenkmale*. In-4°; Leipzig, 1837.

Cet ouvrage est accompagné de 42 planches, dont la plupart sont coloriées avec soin. Il y en a plusieurs qui représentent des vitraux.

4. ARCHITECTURE.

CAUMONT (A. DE). *Histoire de l'architecture religieuse au moyen âge*. In-8°, fig., avec atlas in-4°.

M. de Caumont, qui, l'un des premiers, s'est occupé de la classification archéologique des édifices du moyen âge, a également publié un *Cours d'antiquités monumentales* en 6 volumes in-8°, accompagnés d'un atlas in-4°.

SCHMIT. *L'Architecte des monuments religieux*. Paris, 1 vol. in-18, avec atlas.

Déjà le même auteur avait publié, sans y mettre son nom, un volume intitulé *les Églises gothiques*. In-12 ; Paris, 1837.

RAMÉE (Daniel). *Manuel de l'histoire générale de l'architecture chez tous les peuples, et particulièrement en France au moyen âge*. 2 vol. in-12; Paris, 1843.

BATISSIER (L.). *Histoire de l'art monumental dans l'antiquité et au moyen âge*. In-8°, fig.; Paris, 1845.

Cet ouvrage est suivi d'un traité de la peinture sur verre,

qui n'est guère que la reproduction des articles publiés par M. Batissier dans le *Cabinet de l'amateur*. Les planches seulement diffèrent. Celles-ci, comme les premières, sont tirées de mon ouvrage, ainsi que l'auteur a bien voulu l'indiquer au bas de chacune d'elles.

WEALE (John). *Quarterly papers on architecture*, recueil composé de 4 volumes in-4°, avec figures.

Le dernier volume renferme beaucoup de vitraux anglais, ainsi qu'une traduction du *Manuel* de Fromberg.

PUGIN père et fils. *Gothic Architecture* (l'Architecture gothique). 3 vol. in-4°, avec un grand nombre de figures.

— Si les indications que je cherche à réunir dans ce livre s'adressaient à des architectes, j'aurais peut-être cité de préférence les grands ouvrages de Vitruve, de Palladio, d'Androuet du Cerceau, etc. Mais aux artistes qui se vouent à la peinture sur verre, et pour qui l'architecture n'est, après tout, qu'une étude accessoire, ce qu'il faut, ce sont des livres élémentaires, où les monuments du moyen âge soient envisagés surtout au point de vue archéologique. Je leur recommande, sous ce rapport, les *Cahiers d'instructions*, publiés par le Comité des arts et monuments.

5. ICONOGRAPHIE ET ARCHÉOLOGIE.

MOLANUS (J.). *De Historia SS. imaginum et picturarum*.

Cet ouvrage, justement célèbre, a eu beaucoup d'éditions. La première parut en 1 volume in-12, Louvain, 1570. Trois autres furent publiées à Amsterdam dans le courant du XVIIe siècle. La dernière, qui est de beaucoup la meilleure, a été publiée, en 1781, à Louvain, avec des notes et de nombreuses additions, par J.-N. Paquot. 1 vol. in-4°.

MÉRY. *La Théologie des peintres, sculpteurs, graveurs, dessinateurs*, etc. In-12 ; Paris, 1765.

Ce livre est presque entièrement extrait de celui qui précède.

DIDRON. *Manuel d'iconographie chrétienne grecque et latine.* In-8°; Paris, Imprimerie royale, 1845.

On trouve dans ce volume la traduction, par M. Paul Durand, du *Guide de la peinture*, précieux manuscrit byzantin, découvert, il y a quelques années, chez les moines du mont Athos. L'introduction et les notes très-savantes que M. Didron a jointes à cette publication lui donnent un intérêt tout particulier. On y peut étudier simultanément et comparer ainsi entre elles les traditions de l'Orient et celle de l'Église romaine.

CROSNIER (l'abbé). *Iconographie chrétienne.* In-8° ; Paris, 1848.

GUENEBAULT (L.-J.). *Dictionnaire iconographique des monuments de l'antiquité chrétienne et du moyen âge.* 2 vol. in-8°; Paris, 1843-5.

LE MÊME. *Dictionnaire iconographique des figures, légendes et actes des saints, et Répertoire alphabétique des attributs.* 1 vol. grand in-8° ; Paris, 1850.

Ces deux ouvrages, fruit de longues et laborieuses investigations, contiennent un nombre immense d'utiles indications, se référant aux meilleures sources.

PORTAL (Frédéric). *Des Couleurs symboliques.* In-8°, 1837.

Savante dissertation, pleine d'aperçus trop ingénieux pour n'être pas fréquemment contestables.

AUGUSTI (J.-Ch.-W.). *Handbuch der christlichen Ar-*

chäologie (Manuel d'archéologie chrétienne). 3 vol. in-8°; Leipzig, 1836.

WAGNER. *Christusbilder* (Iconographie de Notre-Seigneur). 1 vol. in-4°, avec planches.

LE MÊME. *Marienbilder* (Iconographie de la sainte Vierge). 1 vol. in-4°, avec planches.

RADOWICHT (le colonel). *Iconographie der Heiligen* (Iconographie des saints). In-8; Berlin, 1834.

Le même auteur a publié un autre volume in-8°, sous le titre de : *Attributen der Heiligen alphabetich geordnet* (Attributs des saints classés, alphabétiquement).

SERVATII GALLÆI *Dissertationes de Sibyllis*. In-8°, fig.; Amsterdam, 1688.

NICOLAI (J.). *Disquisitio de Nimbis*. In-12; Iéna, 1669. Curieuse dissertation sur la question des auréoles.

6. HISTOIRE ECCLÉSIASTIQUE ET VIE DES SAINTS.

Les livres relatifs à l'histoire ecclésiastique existent en si grand nombre, que je ne pourrais, sans dépasser complétement les bornes de cet ouvrage, en donner ici le catalogue, même abrégé. Chaque localité a son histoire, qu'on fera toujours bien de consulter dans les livres spéciaux; mais il existe, en outre, de grandes collections doublement utiles par l'importance des documents qu'elles renferment et par la variété des sujets qu'elles embrassent. De ce nombre sont, en France, la *Gallia christiana;* en Angleterre, le *Monasticon anglicanum;* dans les Pays-Bas, la *Batavia sa-*

cra; en Allemagne, la *Thuringia sacra*, le *Heiliges Bayerland*, etc.

En ce qui concerne les vies des saints, je citerai particulièrement les ouvrages suivants :

Acta Sanctorum. 54 volumes in-folio, par les Bollandistes. Admirable ouvrage, rempli de planches, mais où malheureusement les recherches sont assez difficiles.

JACQUES DE VORRAGINE. *La Légende dorée.*

Cette collection, qui n'embrasse que la vie d'un certain nombre de saints, est dépouillée de tout esprit de critique, et se ressent des plus grossières superstitions du moyen âge. Mais, par cela même, elle est fort utile à consulter pour l'étude des anciennes légendes, qu'on y retrouve telles qu'elles étaient représentées sur les monuments de cette époque.

La *Légende dorée* a été traduite dans toutes les langues. Elle a eu plus de cinquante éditions, dont la première, avec date certaine, est de 1474. J'ai déjà cité la belle édition française de 1493, où l'on trouve une foule de vignettes très-curieuses.

BUTTLER (A.). *La Vie des saints.*

Cet ouvrage est devenu populaire en France par la traduction de Godescard, dont deux éditions en 12 volumes in-8° ont été publiées à Paris en 1763 et 1784. Une autre édition, augmentée d'un treizième volume, a paru à Versailles en 1811.

---

7. COSTUMES.

BEAUNIER ET RATTIER. *Recueil de costumes français.* In-folio; Paris, 1810.

La publication de ce livre a été interrompue ; il s'arrête au règne de Louis XII.

VIEL-CASTEL (le comte Horace DE). *Collection de costumes, armes et meubles, pour servir à l'histoire de France.* 3 vol. in-4°; Paris, 1825.

Ouvrage très-curieux, qui contient 300 planches coloriées à la main. Un quatrième volume, formant supplément, contient les costumes du temps de la révolution et de l'empire.

BONNARD (Camille). *Costumes des* XIIIe, XIVe *et* XVe *siècles, extraits des monuments les plus authentiques.* 2 vol. grand in-4°; Paris, 1829.

On trouve, dans cet ouvrage, 400 figures gravées et coloriées avec le plus grand soin. Il est à regretter qu'il soit resté incomplet.

STRUTT (J.). *A complete view of the dresses and habits of the people of England* (Recueil complet des habillements et costumes du peuple anglais).

M. J.-R. Planché a donné récemment une nouvelle édition de ce bel et grand ouvrage, qu'il a accompagnée de notes nombreuses. Il se compose de 2 volumes grand in-4°, contenant 153 planches.

SCHAW (Henry). *Dress and decorations of the middle age* (Costumes et décorations du moyen âge). In-4°; Londres, 1843.

SPALART (R. DE). *Versuch über das Kostum* (Recherches sur le costume).

M. L. de Joubert a donné une traduction française de cet ouvrage, en 6 volumes in-8°, avec atlas ; Metz, 1804.

HEFNER (DE). *Kostumen des christlichen Mittelalters* (Costumes du moyen âge chrétien). 600 planches coloriées, avec texte; Manheim, 1841.

ALLOU. *Mémoire sur les armes et armures,* publié dans les Mémoires de la Société des antiquaires de France. Tome V, 2e série, page 270.

MEYRICK (sir Samuel). *A critical enquiry into ancient armour* (Recherches critiques sur les anciennes armures). 3 vol. grand in-4°; Londres, 1824.

Les planches de cet ouvrage sont admirablement exécutées, et, quant au texte, c'est le livre le plus savant qu'on ait écrit sur cette matière.

JUBINAL (A.). *Armeria real.* Paris, 2 vol. in-folio; plus, un volume de supplément.

BRALION (Nicolas DE). *Pallium archiepiscopale.* In-8°; 1640.

PUGIN. *Glossary of ecclesiastical ornaments and costum* (Glossaire des ornements et costumes d'église). 1 vol. in-4°, accompagné de figures coloriées. Deux éditions de ce livre ont déjà paru en Angleterre.

8. BLASON ET PALÉOGRAPHIE.

PAILLOT (P.). *Vraie et parfaite science des armoiries.* In-folio; Dijon, 1660.

Outre la description des pièces et les termes du blason, cet ouvrage renferme de nombreuses planches, où l'on retrouve le blason d'une foule de familles.

PAUTET (J.). *Manuel du blason.* 1 vol. in-18.

PARKER (H.). *Glossary of heraldry* (Glossaire héraldique). 1 vol. in-8, avec planches.

MABILLON (dom J.). *De re diplomatica*. 1 vol. in-folio.

Ce savant ouvrage contient un grand nombre de planches. La première édition parut, à Paris, en 1681 ; la seconde, en 1709. Le marquis de Bomba en a aussi donné une édition en 2 volumes in-folio; Naples, 1789.

Nouveau Traité de diplomatique. 6 vol. in-4° ; Paris.

Célèbre ouvrage des bénédictins de la congrégation de Saint-Maur. On y trouve plus de 150 planches très-bien exécutées.

WAILLY (Natalis de). *Éléments de paléographie*. 2 vol. gr. in-4°; Paris, Imprimerie royale, 1838.

L'érudition de l'auteur, et l'exécution irréprochable des planches qui accompagnent le texte, font de ce livre un des plus beaux et des plus utiles qu'on puisse rencontrer dans une bibliothèque.

II.

INDICATION SOMMAIRE

DES VITRAUX LES PLUS REMARQUABLES DE TOUTES LES ÉPOQUES ET DANS TOUS LES GENRES.

Après avoir mis sous les yeux de mes lecteurs les titres d'un certain nombre d'ouvrages concernant plus ou moins directement la peinture sur verre, il ne me reste plus qu'à dresser également un catalogue sommaire des monuments où se trouvent encore aujourd'hui les vitraux les plus remarquables.

Ceci, bien entendu, sera fort loin de constituer un inventaire complet. Le seul but que je me propose est de citer ceux des monuments de la peinture sur verre qui peuvent servir de type à une *époque* ou à un *genre*, de telle manière que l'amateur qui veut étudier ce genre ou cette époque, et l'artiste qui veut en reproduire les principaux caractères, sachent sans peine où ils pourront rencontrer de bons modèles ou de curieux sujets d'étude.

N. B. Pour l'indication des vitraux étrangers, dont plusieurs me sont encore inconnus, je me suis aidé des renseignements très-précieux et très-exacts contenus dans les ouvrages de Vasari, de MM. Gessert et Winston.

ONZIÈME SIÈCLE.

ABBAYE DE TEGERNSÉE (en Bavière). — Dès la fin du dixième siècle (999), un comte Arnold avait donné des vitraux à l'abbaye de Tegernsée. Ce sont les plus anciens vitraux que l'on connaisse. Il y reste aussi cinq fenêtres peintes par le moine Wernher, de 1068 à 1091.

HILDESHEIM (Hanovre). — On y trouve des verrières qu'on croit avoir été peintes, de 1029 à 1039, par un nommé Buno.

DOUZIÈME SIÈCLE.

CATHÉDRALE D'ANGERS. — Il y a, dans la nef de la cathédrale d'Angers, des verrières dont la fondation a eu lieu de 1125 à 1130. Je n'en connais pas en France de plus anciennes à date certaine. On en a découvert dernièrement en Alsace et au Mans qui pourraient bien remonter à une époque encore plus reculée ; mais il a été jusqu'ici impossible de constater la date de leur fondation.

ABBAYE DE SAINT-DENIS (près Paris). — On y voit, au fond du chœur, plusieurs fenêtres fondées par l'abbé Suger, qui s'y est fait représenter lui-même aux pieds de la sainte Vierge ; c'est le plus ancien portrait sur verre que nous ayons. Parmi ces verrières, on trouve aussi le plus ancien arbre de Jessé et le plus ancien vitrail d'ornements que possède la France.

GOSLAR (dans le Hartz). — Vitraux fondés en 1188, où l'on voit les portraits des empereurs Conrad Ier, Henri III, Henri IV, et Frédéric Ier.

TREIZIÈME SIÈCLE.

CATHÉDRALE DE CHARTRES. — C'est le type le meilleur

qu'on puisse offrir à l'étude, attendu que cet admirable monument renferme des spécimens de tous les genres : grandes figures, vitres légendaires, grandes et petites roses, galeries, grande vitre au portail, portraits, figures de donateurs, blasons, inscriptions, grisailles, etc., et particulièrement un choix de bordures très-remarquables.

CATHÉDRALE DE ROUEN. — Belle vitrerie, au milieu de laquelle se trouve le plus ancien vitrail signé que l'on connaisse.

CATHÉDRALE DE REIMS. — Très-belle composition d'ensemble.

CATHÉDRALES D'AMIENS, DE BOURGES, DE LYON, DU MANS.

CATHÉDRALE DE POITIERS. — Type d'un style particulier à cette partie de la France, et dont il reste peu de monuments.

CATHÉDRALE DE STRASBOURG. — Figures très-curieuses par leur caractère byzantin, très-différent et en apparence plus ancien que les verrières du même temps qu'on voit dans l'ouest ou le centre de la France.

SAINTE-CHAPELLE DE PARIS. — On peut la donner comme le type le plus complet du style légendaire.

CATHÉDRALES DE TROYES, DE TOURS, D'AUXERRE, DE CLERMONT, D'ANGERS. — Très-remarquables au second rang.

CATHÉDRALE DE CANTORBURY. — C'est le plus beau type que possède l'Angleterre. Quelques-uns de ses vitraux pourraient même remonter à une époque plus ancienne.

CATHÉDRALE DE SALISBURY.

SAINT-CUNIBERT DE COLOGNE. — Vitraux du milieu du treizième siècle.

CATHÉDRALE DE MÜNSTER (Westphalie).

CATHÉDRALE DE TOLÈDE.

Roses.

NOTRE-DAME DE PARIS. — Les trois roses du portail et des transepts sont au nombre des plus grandes et des plus belles qu'on puisse voir.

CATHÉDRALE DE REIMS.

CATHÉDRALE DE SOISSONS.

Grisailles.

SAINT-URBAIN DE TROYES.—On y voit de jolis exemples de grisailles d'ornements mélangées de parties en couleur.

CATHÉDRALE DE TOURS.

SAINTE-RADEGONDE DE POITIERS. — Figures en couleur sur fond de grisaille.

QUATORZIÈME SIÈCLE.

CATHÉDRALE DE STRASBOURG. — Immense et très-curieuse vitrerie, dont presque toutes les parties furent fondées sur la limite du treizième siècle. Premiers exemples de légendes, dont les sujets sont juxtaposés ou superposés sans encadrements ni séparation. Grandes figures très-curieuses pour les costumes.

ÉGLISE DE NIEDER-HASSLACH (Bas-Rhin). — Autre type très-curieux d'un art qui paraît avoir été très-florissant en Alsace au quatorzième siècle. Le style légendaire y est plus habilement traité qu'à Strasbourg, et l'éclat des couleurs y est fort remarquable.

CATHÉDRALE DE BEAUVAIS. — Verrières très-caractérisées.

CATHÉDRALE D'ÉVREUX. — Dessin fort soigné pour cette époque.

CATHÉDRALES DE CARCASSONNE ET DE NARBONNE. — Types intéressants pour l'histoire de la peinture sur verre dans le midi de la France.

CATHÉDRALE DE LIMOGES. — De même pour le centre de la France.

CATHÉDRALES DE LINCOLN ET DE HEREFORD.

CHAPELLE MERTON, à Oxford.

ABBAYE DE SAINTE-CROIX (dans la basse Autriche). — Portraits de plusieurs princes de la maison d'Autriche.

OPPENHEIM (près Mayence).

WILSNACK (province de Brandebourg). — Fin du quatorzième siècle.

CATHÉDRALE D'ORVIETO. — Verrières de 1377.

Grisailles.

CATHÉDRALE DE CHARTRES. — On y trouve la plus ancienne grisaille à figures qui soit parvenue jusqu'à nous.

CATHÉDRALE D'YORK. — Très-beaux spécimens d'entrelacs, accompagnés de parties colorées.

Ornements.

SAINT-THOMAS DE STRASBOURG. — Cette église, actuellement affectée au culte protestant, offre de très-beaux modèles d'ornements en couleur.

CATHÉDRALE DE TOUL.

QUINZIÈME SIÈCLE.

CATHÉDRALE D'ÉVREUX. — Verrières remarquables par la finesse de l'exécution, et très-intéressantes par le choix des sujets.

BOURGES. — Fragments curieux provenant de la Sainte-Chapelle des ducs, et de l'ancien hôtel de Jacques Cœur.

CATHÉDRALE DU MANS ET DE TOURS.

SAINTE-CHAPELLE DE RIOM. — Vitrerie de la plus grande beauté, et d'un ensemble remarquable.

CATHÉDRALE DE METZ. — Immense verrière du transept septentrional.

SAINT-OUEN DE ROUEN. — Ensemble de vitrerie curieux par sa composition.

NEW-COLLEGE (le Collége-Neuf), à Oxford.

CATHÉDRALE D'YORK. — Superbe vitrerie bien caractérisée. La maitresse vitre est une des plus belles qu'on connaisse, et l'une des plus grandes verrières qui existent en Europe.

ÉGLISE DE NETTLESTEAD (Kent). — Beau modèle de la vitrerie d'une petite église.

WERBEN (haute Saxe). — Verrieres d'un grand caractère et d'une riche coloration.

CATHÉDRALE D'ULM, DE MÜNICH ET DE NÜRENBERG.

DOMINICAINS DE PÉROUSE.

ÉGLISE PAROISSIALE D'ARREZZO.

Vitres légendaires.

ÉGLISE DE WALBOURG (bas Rhin). — On trouve, dans

cette jolie petite église, de charmants vitraux légendaires parfaitement conservés.

Roses.

CATHÉDRALE DE TOURS.

SAINTE-CHAPELLE DE PARIS. — Rose très-finement peinte, mais dont la pâle harmonie forme un fâcheux contraste avec le ton des verrières du treizième siècle.

Grisailles.

GRIMBERG (près Glogau, en Silésie).

SEIZIÈME SIÈCLE.

ROUEN. — La Normandie renferme une foule de monuments très-curieux de cette époque, parmi lesquels il faut citer, à Rouen, les églises de Saint-Patrice, Saint-Godard, Saint-Vincent, Saint-Maclou, Saint-Romain, et, dans le reste de la province, les églises suivantes :

ALENÇON, PONT-AUDEMER, CAUDEBEC, PONT-DE-L'ARCHE, etc.

CONCHES — est peut-être celle des églises de Normandie qui possède la vitrerie à la fois la plus complète et la plus remarquable.

LA FERTÉ-BERNARD (Sarthe).

BEAUVAIS. — Centre d'une école de peintres sur verre qui a produit des chefs-d'œuvre.

SAINT-GERVAIS, à Paris. — Contient des œuvres de Robert Pinaigrier et de Jean Cousin, les deux plus illustres représentants des deux grandes écoles de peinture sur verre qui existaient alors simultanément.

SAINTE-CHAPELLE DE VINCENNES. — Due entièrement à Jean Cousin.

CATHÉDRALE DE BOURGES. — Vitraux du style le plus pur.

LIMOGES. — Belles verrières du genre mixte dans plusieurs églises.

CATHÉDRALE D'AUXERRE. — Grandes compositions, d'une exécution fort remarquable.

CHÂLONS-SUR-MARNE. — Plusieurs églises de cette ville renferment de belles peintures sur verre.

CATHÉDRALE DE METZ. — Le chœur et le transept méridional sont garnis de vitraux d'un admirable éclat et d'un caractère très-particulier. La fenêtre du transept est la plus grande et l'une des plus belles qui existent en France.

ÉGLISE DE BROU, près Bourg (Ain). — Cette église célèbre renferme les peintures sur verre les plus parfaites peut-être qu'ait produites le seizième siècle.

CATHÉDRALE DE QUIMPER. — Belle vitrerie, qui est, en quelque sorte, le type des verrières si nombreuses fondées en Bretagne à cette époque.

CATHÉDRALE D'AUCH.—Vitrerie du chœur très-complète, d'un bel ensemble et d'une superbe couleur, mais au-dessous de sa réputation, quant au dessin.

CHAPELLE DU CHATEAU DE CHAMPIGNY (Indre-et-Loire). — Vitrerie remarquable, surtout par une suite d'excellents portraits des princes et princesses de la famille de Bourbon-Montpensier.

SAINTE-GUDULE (de Bruxelles). — Beaux modèles de grande décoration ; verrières fondées par divers souverains.

SAINT-JACQUES DE LIEGE. — Beaux vitraux fondés vers l'an 1525.

CATHÉDRALE DE LICHFIELD. — Vitraux provenant de l'abbaye d'Herkenrade, en Belgique.

CATHÉDRALE DE WINCHESTER. — Très-bel ensemble.

ÉGLISE DE FAIRFORD (dans le comté de Gloucester).

CATHÉDRALE DE NÜRENBERG. — Beaux portraits de l'empereur Maximilien, de sa femme, et du margrave de Brandebourg.

ÉGLISE SAINTE-CATHERINE, A BRÜNSWICK. — Vitres très-brillantes de couleur, dont le dessin rappelle la manière d'Albert Dürer.

AREZZO (en Toscane). — Superbes vitraux peints par un artiste français.

CORTONE. — Vitraux français et italiens.

CATHÉDRALES DE BURGOS, DE SÉVILLE ET DE TOLÈDE.

ÉGLISE DE CUENÇA.

Vitres légendaires.

SAINTE-FOY DE CONCHES (Eure).

ÉGLISE DE FERRIÈRES (Loiret).

ÉGLISE DE MONTIERENDER (Haute-Marne).

SAINT-ÉTIENNE DE BEAUVAIS.

MONTFORT-L'AMAURY (Seine-et-Oise).

Roses.

CATHÉDRALES DE SENS ET DE REIMS.

Maîtresses-vitres.

ABBAYE DE WESTMINSTER, à Londres.

CATHÉDRALES DE QUIMPER ET DE DOL. — On en voit également de fort belles dans un grand nombre d'églises de la Bretagne.

Vitraux de genre, dits *vitraux suisses.*

MAISON DE L'ARQUEBUSE, à Zurich. — Blasons de tous les cantons.

DIVERSES MAISONS PUBLIQUES OU PARTICULIÈRES, A COIRE (Suisse).

MAISON PARTICULIÈRE, A HORB (Würtemberg). — Sujets tirés de l'histoire de la Suisse : le serment de Grütli, la bataille de Morat, etc.

Grisailles.

En fait de grisailles, on ne pourrait rien citer de plus beau que la suite des Amours de Psyché, peinte par Bernard de Palissy pour le château d'Écouen (1). Quelques panneaux d'ornements aux armes du connétable de Montmo-

(1) Peu de vitraux ont eu une destinée aussi aventureuse. Enlevés d'Écouen à l'époque de la révolution, recueillis au Musée des monuments français, puis rendus au vieux duc de Bourbon, qui les laissa pendant longtemps abandonnés sous une remise de son hôtel, ces charmants vitraux avaient enfin trouvé un digne appréciateur dans la personne de leur nouveau propriétaire, M. le duc d'Aumale. Ce prince les avait fait transporter à Chantilly, où ils semblaient désormais à l'abri de toute injure. Mais la mesure récente qui oblige la famille d'Orléans à se défaire dans un court délai de tous les biens qu'elle possède en France, livre à de nouveaux hasards l'œuvre de Palissy, et j'ignore ce qu'elle va devenir.

reney, et provenant de la même source, sont conservés au musée de Cluny.

DIX-SEPTIÈME SIÈCLE.

PARIS est une des villes où l'on trouve le plus de verrières de cette époque.

— A Saint-Eustache, grandes figures.

A Saint-Étienne du Mont, peintures en apprêt d'une exécution très-finie, et avec de petites figures.

— A Saint-Sulpice, verrières à fond de verre blanc ; époque de décadence.

TROYES. — On voit également des verrières de cette époque dans plusieurs églises de Troyes, qui avait alors de célèbres peintres verriers.

ÉGLISE SAINT-AIGNAN, A CHARTRES.

CATHÉDRALE DE BOURGES. — Beaux portraits.

CATHÉDRALE DE TOULOUSE. — Grandes figures.

CATHÉDRALE D'AUCH. — Verrières blanches à bordures.

GUILFORT (comté de Surrey, en Angleterre). — Chapelle de l'hôpital de l'archevêque Abbot.

OXFORD. — Vitres de la chapelle de l'Université, peintes en 1687.

ÉGLISE SAINT-LAURENT, A NÜREMBERG.

ÉGLISE DE GOUDA, en Hollande. — Les verrières de cette église jouissent d'une célébrité, selon moi, un peu exagérée. Il y en a du seizième et du dix-septième siècle : elles sont loin d'avoir toutes la même valeur.

Roses.

CATHÉDRALE D'ORLÉANS. — Armoiries, chiffres et emblèmes de Louis XIV.

Vitraux du genre suisse.

BIBLIOTHEQUE DE STRASBOURG. — Charmante suite de petits vitraux peints par les frères Linck, et provenant du cloitre de l'abbaye de Molsheim. Ils représentent, entre autres sujets, la vie des Pères du désert, et présentent ainsi de nombreux spécimens de paysage.

BIBLIOTHÈQUE DE TROYES. — Vitraux d'un grand mérite, provenant de l'hôtel de l'Arquebuse, en la même ville.

COIRE, en Suisse. — Sujets et blasons.

Nota. Les vitraux suisses sont presque les seuls qui se trouvent dans les collections particulières. C'est aussi là qu'il faut chercher les plus jolis.

DIX-HUITIÈME SIÈCLE.

PARIS. — Plusieurs églises de cette ville ont été ornées de vitraux pendant la première moitié du dix-huitième siècle. Je citerai, entre autres :

Saint-Gervais. — Sujets et bordures.
Saint-Nicolas du Chardonnet. — Chiffres et bordures.
Le dôme des Invalides. — Idem.
Saint Sulpice. — Sujets sur fonds blancs.
Les Blancs-Manteaux.

CHAPELLE DU CHÂTEAU DE VERSAILLES. — Peintures sur glace.

CAUDEBEC. — Misérables bordures sur fond blanc.

CHAPELLE DU COLLÉGE DE MERTON, à Oxford. — Une partie des fenêtres basses ont été peintes en 1709.

ÉGLISE SAINT-ANDRÉ, HOLBORN. — Peintures un peu

plus récentes et très-supérieures aux dernières qui se firent en France vers la même époque.

Roses.

La dernière rose que je puisse citer est celle de la chapelle du Collége-Neuf (*New-College*), à Oxford.

FIN.

TABLE DES MATIÈRES

www.ingramcontent.com/pod-product-compliance
Ingram Content Group UK Ltd.
Pitfield, Milton Keynes, MK11 3LW, UK
UKHW021147260726
13994UKWH00001B/336